超越と実存

「無常」をめぐる仏教史

南直哉
Minami Jikisai

新潮社

プロローグ——私の問題

修行僧になって五、六年経った頃、師匠が突然言った。

「直哉、お前、誰かに随身するつもりはないか」

「随身」とは、力量のある高僧に仕え、寝食を共にしながら、その膝下《しっか》で教えを学ぶことで、禅宗では非常に重要視される修行である。

後で聞いたところでは、道場で五年以上たち、ほとんど掣肘《せいちゅう》されずに自分の好きなように振舞っていた私を心配した人が、「アレは、どこかのちゃんとした師家《しけ》（指導者）について、ゴリゴリ磨いてもらわないとモノにならん」という苦言を、師匠に呈したらしい。

「どうだ、誰か付きたい師家はいるか。たとえば、〇〇老師はどうだ？」

師匠は当時高徳の師家として大変有名だった老師の名前を挙げた。私は言下に答えた。

「その人はダメです」

「そうか、ダメか、ワハハハハ……」

すると師匠は破顔一笑、本当に大爆笑して、以後まったくその種の話をしなくなった。

私はその高徳の老師を直接知っていた。ある研修会で指導者として来ていた老師のお世話係を

四、五日する機会があったのだ。修行一筋で生涯を貫き、その高潔な人格で多くの若い修行僧に敬愛されている禅僧だと聞かされていたが、本当にそうだった。

引きも切らぬ指導の要請に応えて、寸暇を惜しんで各地を訪れていた老師は、当時まさに疲労困憊の様子であった。ある朝の坐禅で、老師は鋼鉄の板を背骨に差し込んだような剛毅な坐禅姿のまま、驚いたことに目を開いた状態で、寝息を立てていたのだ。

「君にはわかったかな。恥ずかしい限りだ」

控室に戻るとき、老師は後ろに随《したが》う私を振り返ってそう言った。私は泣きそうになったことを覚えている。

しかし、それでも、この老師の考え方と生き方が、私には自分の役に立たないとわかっていた。私は、仏教に何らかの「真理」を見て、それを獲得するために修行しようと思ったわけではないからだ。

もし「真理」が目的なら、この老師の一徹な生き方を支えるものが何か、それが仏教の「真理」かどうか、もう少し慎重に時間をかけて観察しただろう。あるいは、その「真理」の体現者と目される釈尊と道元《どうげん》禅師への、あの坐禅が表すような一途で純粋な思慕に、深く傾倒したかもしれない。

だが、私は事情が違った。私には昔から、どうしても解決したい問題があった。そのための道具として、仏教を選択したのだ。釈尊や道元禅師の言動が「真理」かどうかではなく、敢えて言えば、使えるかどうか、だったのである。

私には幼いころから引きずる問題がこれ以上なく明瞭に意識されていたから、道具としての適否は、いつでもどこでも、ほとんど一目瞭然、感覚的にわかったのだ。

師匠は、私の問題に共感も理解も持たなかったかもしれない。ただ、私が他の大抵の僧侶とはまったく違った方向を見ていることだけは見抜いていたから、私の「ダメ」を笑って終わったのである。

結果的に、私はとんでもなく生意気な修行僧になってしまった。

ある勉強会の席上で言いたい放題のことを言っていたとき、道場の師家の一人に、気の毒そうに言われた。

「ああ、直哉さん。君はまだ正師に逢っていないな」

私はそのときも即答した。

「いいんです。私が自分で正師になりますから」

師家は、若造のあまりに想定外の言い草に、度肝を抜かれたのか、あきれ果てたのか、何か言いかけて黙り込んでしまった。

仕方がなかった。私の問題を私のように理解しているのは私だけだ。同じような人間に偶々出会うことはあるかもしれないが、今までまったくお目にかからなかったのに、これから探したからといって、確実に見つかる保証はない。だったら、よそで「正師」を探す時間を、自分で考えることに集中させた方がよい。つまり、自分以外の誰も当面は「正師」として役に立たない。それが私の結論だったのである。

ただ、一番堪《こた》えたのは、当時仕えていた上司に「直哉さんは辛いよね」と突然言われたときである。彼は「正師」などと言わなかった。


「君には生身のモデルがいないもの。モデルがいれば、自分のやっていることを考えやすいのに」


その通りであった。当時の私の最大の泣きどころは、自分が考え、実践していることが、本当に問題の解決に向かっているのか、皆目見当がつかないことだったからである。自分に似たような先達がいれば、それを例にして反省したり考え直したりできるはずだった。

しかし、結果的にそういう人物はいなかったし、私は早々に諦めていた。それというのも、当時の道場での修行方法が、私の問題とまったく嚙み合っていなかったからである。このシステムから、私のモデルとなるような人物が出てくるはずがない。

およそ修行だの教育だのは、まず行うことの意味を教えて実践させるか、とにかくやらせてから、意味を説明するかである。いずれにしろ、この理屈と実践はペアで、どちらを欠いても、まともな修行にも教育にもならない。

ところが、往々にして禅門で言う「不立文字《ふりゅうもんじ》」を単純に考えて、問答無用的実践を標榜するような道場では、修行の「意味」を考えることが蔑《ないがし》ろにされがちであった。

私はそうはいかない。少なくとも自分の問題と脈絡がつかなければ、それこそまるで無意味である。なんとしても、自分の現在の実践を「理解」する必要があった。

結果的に、私は孤独になった。誰からも教えられず、それが正解かどうかもわからぬまま、私は経典《きょうてん》や祖録（祖師の言行録）を手掛かりに、毎日の修行のそれぞれの意味を、考え続け、言わば案出していたのだ。

そういう私のやり方は次第に極端になった。

後に「ダース・ベイダー」などと呼ばれる元になった、一時期の苛烈な修行と後輩の指導は、実を言うと、自分が疑念を持つ道場の修行システムを徹底的に追及してみたら、結果どうなるのかという実験だった。問答無用の修行もやってみれば、それなりの成果があがるのか？

やってみて、わかった。これはダメだと。

ダメだが、七百五十年続く修行がすべて無意味とも思えない。ただ、その「意味」を考え、現代の我々の「生」と関連付ける知的努力が致命的に不足していた。だから、釈尊の教えに照らしても、道元禅師の遺訓からいっても、もはや無益だったり、むしろ妨げになるような道場の指導が、「伝統」ではなく「前例」として積み上がり、修行自体を硬直化させていたのである。私は丸四年でそれを見切った。

ある同輩が言った。

「お前は先を見すぎる。多分、他の人間が見ないものを、見ようとしないものを見すぎる。だから、周りが理解しない。理解したくても追いつかない」

そうかもしれなかった。だが、もう後戻りもできず、他の方法に転ずる余地も無かった。私は自分が今ここでしていることを、仏教の過去と結び付け、未来に臨んで、これまで「伝統」と呼ばれてきたものを再解釈しようとしていた。それもこれも、自分の問題に効くアプローチを発見するためである。

私の抱え込んできた問題が何で、再解釈がどのようになされたのかの一端は、以下の本文で論じられるだろう。ただし、本書では、私の問題意識と再解釈を繋いだ、当時の修行の実際が語られることはない。それは直接のテーマではないからだ。

しかし、あの頃、私は確かに自分の存在を賭した修行を理解し意味付けるために、経典と祖録の言葉を執拗に追及していたのである。そこから結果的に、ほとんど副産物の如く導き出されたのが、本書の基本的な骨格となる「超越と実存」のストーリーである。

実を言えば、私自身の問題は、どう修行しようが、何を考えようが、決して解決されないことは、最初からわかっていた。あとは、解決されないから放り出しておくか、それでも考え続けるかである。

私は後者を選んだ。なぜか。この問題は消えない。そして私以外の誰かの問題でもある。釈尊や道元禅師の問題が私の問題であったように。ならば、いかに拙《つたな》いとはいえ、それを考え続けるサンプルとして、私のような者の存在も、あながち無意味とは言えないのではないか。

道場では、釈尊や道元禅師を供養する法要が定期的に行われる。

入門以来、私はそれらの法要を言われるままに、作法にしたがって、仕事を片付けるがごとく繰り返していた。それが実際だったのである。

修行生活も七、八年を数えた五月のある朝、雨上がりの青葉が冴えていた道元禅師の廟所《びょうしょ》で、月例の法要があった。

淡く透き通った光が差し込む堂内で、係の修行僧が鳴らす鐘に合せて礼拝をしようとしたそのとき、私の頭に全く突然にある思いが浮かんだ。

「ああ、よかったな。本当によかった」

何がよかったのか。釈尊と道元禅師がかつてこの世にいて、言葉を遺したことである。私はその朝、初めて掛け値なしで仏祖の恩を感じ、まさに「頭が下がる」という文字通りの礼拝をした。

私が考え続けられるのは、彼らの遺した言葉故である。その言葉に自分と同じ問題を発見したが故である。

ならば、私にはもう、問題の解決は必要ではなかった。問題を共有する人間が、かつて確かに存在していたということこそが、救いだったのだ。

これからも、どこかで誰かが、釈尊のように、道元禅師のように、そして私のように、問題を背負うだろう。たとえ解決がつかなくても、考え続けるだろう。

本書での私の非力な論考から、それでも仏教を頼りに考え続けようとしてきた者の、それなりに切実だった胸の裡を察していただければ、望外の幸いである。

超越と実存　「無常」をめぐる仏教史　目次

装画　木下晋「祈りの塔」
装幀　島田隆

超越と実存　「無常」をめぐる仏教史

序章　問いの在り か

死と自己

ここに紙幅を借り、仏教の名のもとにおよそ二千五百年来積み重ねられてきた言説について、私が愚考を語ろうとするとき、何故「超越と実存」などという似つかわしくないタイトルを以てするのか、いささかの申し開きが必要だろう。

三十数年前、曹洞宗で出家したとき、私は仏教や宗祖道元禅師の遺した言説を正しいと信じていたわけでも、成仏や悟りを目指していたわけでもない。

さらに言うなら、今も信じていない。私には何かを絶対に正しいもの、「真理」だと信じる気がさらさらない。何を読み、誰に会っても、これまでも信じることはなかったし、これから信じることもないだろう。

しかし、考えてみれば、我らが「教主」、釈尊、ゴータマ・ブッダ、紀元前七〜前五世紀頃に実在したと思われる人物もまた、まさか仏教を信じて出家したわけではあるまい（彼が始めたのだから）。そしてまた、何らかの「真理」を理解して出家したわけでもないはずだ（すでに「真理」がわかっていたら、出家しないだろう）。

彼は問題を抱えていたから、出家したのである（その問題が何か、今ここでは触れない）。私が共感するのは、まさにそこのところである。

私があるときを境に急速に仏教に傾いていったのは、信仰ではなく、この共感ゆえである。私は、ゴータマ・ブッダについて語られたことも、彼の教えとされるものも、一切「真理」だと信じていないが、それ以外のいかなる言説にも決して覚えることのない共感を持っている。では、ゴータマ・ブッダはともかくとして、私の共感の根元にあった、そして今もあり続ける問題とは何か。

簡単に言うと二つである。

一、死とは何か
一、私が私である根拠は何か

実を言うと、私はこの二つの問題に、およそ記憶を遡り得る限りの昔から、取り憑かれてきた。そして、次に述べるとおり、この二つは意地悪く絡み合っている。

三歳で重症の小児喘息に罹患した私は、繰り返す絶息経験から、日常的にその先のこと、つまり死ぬことを意識せざるを得なかった。

ところが、それほど重大なことが、何のことか皆目わからなかった。誰に訊いても教えてくれない。いや、誰も教えられない（と、しばらくしてわかった）。

死んだ後に関する馬鹿げた話は何度か聞かされたが、私は「後」のことなどではなく、自分にもいつか起こるであろう、決定的な出来事それ自体の正体を聞きたかったのである。しかし、誰からも聞かされず、ということは、事実として誰も知らず、最後には誰も金輪際知りえないということだけがわかった。

すると、幼稚な頭はそれなりに色々考える。恐怖に浸透された関心は、子どもであろうと先鋭なのである。

自分が死ぬとすると、そのときは、今死ぬことを考えている自分が死ぬ、ということだ。ならば、いくら考えても、それは死ぬことそのものとは違う。自分が死ぬ、とは絶対にわからない何かなのだ。

生きていると最後に、そういうわけのわからないことが起こる、らしい。理由も意味も何もわからない。

と、こう考えているうちに、もう一つ気が付く。

最後もそうだが、最初はどうだ？

自分が生まれるとはどういうことか？

その理由と意味は？

これはもう、大人に訊く気にもならなかった。大人も何も知らずに生まれて来たのは、訊くまでもなかったから。

すると、自分の最初と最後に起こる出来事は、その理由も意味も何もわからないのだ。

だったら、そもそも自分とは何か？

自分としてなぜ生まれ、なぜ死ぬのか？

最初から死ぬために生まれ、最後に死ぬまで生きる自分とは、一体どうしてそんな存在であり続けるのか？

もちろん幼年期のこと、最初からこれほど明確に言語化して考えていたわけではない。しかし、考えの筋道は、まずこうだったと思う。

何よりも私は、「自分とは何か」という問いを、思春期にありきたりの「本当の自分とは何か」というセンチメンタルなスタイルで始めたのではない。

私にはことの初めから、意味もなく生まれ、理由なく死んでいく、そのような「私」が今ここにいるとはどういうことなのか、それが問題だった。

結局、この問いだけが、仏教を必要としたのである。

思春期に入るにつれて、この問いの圧力は昂進し続け、私は自分がある種異常な人間なのではないかと思えてきた。なにせ、老若男女誰であれ、私と同じような感覚で生きている人間に、一人として出会わなかったのだから。

いよいよ頭が煮詰まってきた十五歳の春、私は初めて教科書で「諸行無常」という言葉を見た。その衝撃は今も記憶に鮮明である。

問いの答えがわかったのではない。そうではなくて、私の問いに言葉が与えられたのだ。自分が考えていたことは、まさにこれなのだと思った。この言葉がある以上、私の問いは私だけの「異常」ではなく、他人に語るに足る意味のあるものだったのだ。

これが仏教の言葉であると知ったとき、私にとって仏教は決定的な存在になった。それが将来の自分をどう変えるか、当時はわからなかったが。

仏教はさらに、「無我」と「空《くう》」と「縁起」という言葉を私に与えた。幼稚な頭には理解しがたい観念だったが、辞書や百科事典や、何冊か仏教書を見てみるうちに、「無常」という言葉がさらに大きく展開され、私の問いの内実を深化させていった。

しかしながら、問いに言葉が与えられたとは言え、問いは問いに留まっていた。

では答えは——。

私は当初、答えがあると思っていた。無理やりの背伸びを繰り返して、哲学書や思想書のようなものを読み始めたのは、古今東西、世には私と同じような問いを持つ人間が沢山いるに違いなく、ならば抜群に優秀な頭脳の持ち主が、これはという答えを出しているに違いないと思ったからである。

ところが、見当はずれであった。本にこちらの頭がついていかなかったことも確かである。が、それがそもそもの理由ではない。

この類の書物を読みながら、私は次第に疑惑を持つようになった。自分の問いは、どれほど頭のよい人間でも解消できないのではないか――。

死について語ることは不可能なのではないか？　今生きている自分が使っている言語が死そのものを語るときも通用すると、どうしてわかるのか？

「私が私である根拠」を考えたとして、それを考えている「私」の根拠はどこにあるのか？「私」について考えれば、そのたびに「考える私」と「考えられる私」に分裂して、無限に遡及するだろう。

この疑惑に決定的な裁断を下したのが、道元禅師（一二〇〇～一二五三）の『正法眼蔵《しょうぼうげんぞう》』の一節だったのである。


仏道をならふといふは、自己をならふなり。自己をならふといふは、自己をわするゝなり。


私はこの一節を読んだ瞬間、これは自分の疑惑は正当だと言われているのだと思った。

「死とは何か」「私とは何か」式の問いには答えが出ない。というより、この問い方自体が間違っている。

一般に「〇〇とは何か」という問いに答えようとすれば、同語反復にならない限り、「〇〇」とは違うものを持ち出して「〇〇とは××である」と言わざるを得ない。このように元々違うもの同士をイコールとして結び付ける言い方は、いかにしても根源的な矛盾を孕《はら》み、「答え」は確定しない。このような「答え」は所詮、「問い」の恣意的打ち切りなのである。

この打ち切りが意味するのは、見かけは「〇〇」だが、本当は「××」なのだという、「〇〇」の存在根拠の主張である。

となると、「死とは何か」「私とは何か」という「問い」もまた、原理的に確定的な「答え」が出ないことになる。それらはすなわち、「何であるかわからない」ままに存在する「何ものか」なのである。

ならば、我々の「問い」は、「〇〇とは何か」となされるのではなく、それが「何かわからない」ままに、「〇〇はどのようにあるのか」となされなければならない。このことを、右に引いた『正法眼蔵』の引用文は言っているのだ。「自己をしるなり」ではなく「自己をならふなり」とあるのは、自己が「何であるか」ではなく、「どのようにあるのか」、その在り方を仏教の実践として習得すべきことを教示しているからである。

「何であるかわからないもの」とはすなわち、「そのようにある」根拠を欠くものである。それはまさに「無常」として、根拠を欠いたまま存在する事実、すなわち「実存」を意味することになる。

超越、または根拠への欲望

しかし、そうは言っても答えがないということは、「人情」として辛い。どこかで誰かが、答えは無理でも、答えらしきものを出してはいないか。私は見当のつく本を乱読するようになった。

結果、答えらしきものは色々出てきた。古くは「イデア」「一者」「ブラフマン」「アートマン」「天」「道」「ヤハウェ（的絶対神）」、下って「コギト」「物自体」「絶対精神」「生産様式」、さらには「無意識」「超越論的主観」「存在」等々。

ところが、「存在」あたりからなんとなく、もっと下って「構造」だの「脱構築」だのと言い出したあたりから、はっきり趣きが変わってきた。妙に仏教ぽくなってきたのである。

極論すれば、二千五百年前の思想に大きく迂回してたどり着いたように見える。

いよいよ得度する直前、私の頭の中では、きっぱり区分けができていた。

世の思想には、仏教と仏教以外しかない、と。

この乱暴な物言いには説明がいる。私が言いたいことは次のとおりである。

仏教では、「無常」と呼ぶ「実存」には存在根拠が欠けていると考えるが、仏教以外の思想は根拠があると考える。その根拠を押さえれば、実存の「核心」を理解できると信じている。

このとき、そういう根拠は、当然「実存」ではない。あるいは「実存」には含まれない。根拠が実存の内部にあっては、根拠として機能しない。

「根拠」とされるものは、実存の外部から、実存の仕方に対して決定的に作用しなければならない。それが「超越」的存在であり、古今東西で答えのごときものとして提案されてきたアイデアである。

「超越」的存在は、時には「本質」や「実体」などと呼ばれ、その存在を前提とすれば、無常の実存は、「現象」とか「属性」などと規定される。

すなわち、私が思想には仏教と仏教以外しかないと言う意味は、「実存」を「超越」との関係で考えるのか（仏教以外）、「超越」抜きで考えるのか（仏教）どちらかだ、ということである。その場合、「『超越』抜き」という言い方に注意してほしい。私は「超越は無い」と言っているのではない。「超越」は定義上「実存」の経験外であるから、人間の認識能力においては在るとも無いとも言えない。しかし、「在る」という断定には徹頭徹尾反対する、ということである。

だが、「超越」的存在は「在る」と断定されない限り無意味であるから、「無常」の立場から言えば、結局無いも同然である。ここにこそ、仏教の空前絶後の思想的ユニークさがあり、幼児期以来の問いに取り憑かれている私が激しく反応する所以があったのだ。

ブッダの思想はいかに変化したのか

さて、ここまで臆面もなく自分の「思想的来歴」めいたものを述べてきたが、これから先は、本稿のテーマにかかわる問題である。

いま述べた仏教と仏教以外という強引な分け方をあえて行ったとき、すぐに気が付くのは、過去の言説を振り返ってみると、「仏教」に「仏教以外」が色濃く浸透してきていることである。

これを私流の言い方に置き換えると、「存在するものの無根拠性」を意味の核心に持つ「無常」「無我」あるいは「空」「縁起」の考え方を無力化する「超越」的観念が仏教に侵入し、思考の枠組みを変えてしまう、ということである。

いわく、「ダルマ」「唯識《ゆいしき》」「一心」「仏性」「本覚《ほんがく》」「浄土」「毘盧遮那如来《びるしゃなにょらい》」「大日如来」「阿弥陀如来」「久遠実成《くおんじつじょう》の仏」等々。

念のために言っておくが、私はこれらのものが無い、と言っているのではない。そんなことはわからない。私が言いたいのは、これらの観念の導入は、私が最もユニークで重要だと考える仏教の核心的考え方を見えなくする、ということだ。

さらに言うなら、右のような超越性を考え方の枠組みに導入するなら、何も仏教の埒内でそれをする必要はないだろう、と思うのである。そのおおよそは、ウパニシャッドやヴェーダーンタの思想か、一神教の枠組みを使えば事足りる。そちらの方が仏教の中でするより、よほど理論的に割り切れてスッキリする。

こう言うと、私が本稿でやろうとしていることの一端がわかっていただけるであろう。私は今般、仏教思想史を開陳したいわけではない。

これが仏教思想史なら、それぞれの思想には歴史的・理論的必然性があることを前提に、その存在理由と展開を論証することになるだろう。が、私が意図しているのはそういうことではない。

私がねらうのは、ゴータマ・ブッダに淵源する、私が最もユニークだと思う考え方が、その後の言説においてどのように扱われ、意味づけられ、あるいは変質したかを見通すことである。すなわち、「無常」「無我」「空」「縁起」などのキー・コンセプトでゴータマ・ブッダ以来道元禅師までの思想的言説を串刺しにして、これを一貫したストーリーとして語り、結果的に一種の見取り図を作ろうというのだ。

これは結局、「無常」という言葉の衝撃から道元禅師の『正法眼蔵』に出会い、果てに出家した自分の思想的遍歴（大げさな言い方で恐縮だが）を総括しようとするものである。

このような個人的な関心に始まる企てが、読者諸賢の益に資するかどうか甚だ疑問だが、一つだけ言えるのは、本稿のような意図を持つ論考は過去にないだろう、ということである。少なくとも、私は見たことがない。

誰もしていないであろうことを今自分がやったからといって、そこに価値が生じるわけではない。ただ、本稿のもとになる連続講義を聴いていた修行時代の友人が、こう言った。

「ああ、君は君なりの家風を作ろうとしているんだね」

この場合の「家風」とは、禅門などの指導者（師家）が修行僧（学人《がくにん》）などを導く場合の、独自の見解や方法から感じ取れる「気風」を意味している。

友人の指摘は当たっている。私は講義を始めた当初、これまで「仏教」として伝わってきた主な思想的言説を単なる羅列ではなく、一つのストーリーに構成して、ある個人が仏教思想に向き合った一例として、後輩の参考に提供したいと考えていたのだ。

ある思想のどこに意味を見出し、それをどう消化し語るかを示すことは、おそらくアカデミックな「学問」の範疇ではない。しかし、「生き方」として仏教を選択した者が打ち出す本稿のごとき見解は、少なくとも同じように仏教を捉える人々には、賛否はどうあれ、それぞれ自らの立場を顧みるに足る材料を提供できると、私は思っている。

最大の問題は「言語」である

したがって、紙幅の都合もあるが、本稿は取り上げた仏教思想の考え方の枠組みを、まず問題にする。

たとえば、密教とブラフマニズム、浄土教と一神教を対置したとき、私は考え方の差異ではなく、同一性に着目するだろう。その上で、それが「仏教」として語られた結果、何が起こり、それにどんな意味が発生するのかを述べる。これは同時に、いま密教に出会い、いま浄土教と取り組む人々に、敢てある問いを発することである。

「あなたには、それが仏教でなければならない理由があるのですか？」

それはつまり、

「仏教の何が、あなたに必要なのですか？」

と、問うことである。

このような僭越な問いを発する理由は後で語るとして、もう一つ本稿が拘ることを予め挙げておこう。それは言語である。本稿では陰に陽に、言語をめぐる思考が働く。
そもそも、「超越と実存」あるいは「本質と現象」のような問題設定が可能なのは、我々が言語内存在だからである。
「先験的」という言葉があるが、本稿でそれは「先言語的」あるいは「言語外的」という意味である。

我々は言語の起源を決して知ることはできない。それは意識の起源を知ることができないのと同じことである。言語の起源を知るには言語を使用せざるを得ず、意識の起源を知るには意識を対象化、即ち意識化せざるを得ず、事は無限遡及に陥る以外にない。

我々は、いかなる起源も根拠も理由も知ることなく、「言語的」に存在するしかない。するると、結果として、「超越と実存」「本質と現象」という二元的思考が、ほとんど不可避的に、本能のように生じる。なぜなら、言語それ自体が二元的にしか機能しないからである。「超越」も「本質」も、その根本的な思想的機能は、個々の「実存」や「現象」の現れ方を規定する根拠となることである。

このとき、あらゆる形態でそこら中にある物体を、「コップ」と言い得ることは、「コップ」という音声や文字が表す「意味」が、そう言われるあらゆる物体の在り方を規定しているのと同じことである。

ということは、言語は、それが意味する個々の物に対して「超越」的であり、その「本質」を示すもの、ということになる。

ならば、「無常」「無我」「空」「縁起」の考え方が、言語を極めて重視し、これに批判的な言説を行うのは、見やすい道理である。

言語の「超越」性や「本質」性は錯覚にすぎない。言語の「意味」は、ものの在り方を決める根拠ではない。

「コップである」ことそれ自体に、いかなる超越的根拠もなく、したがって「コップの本質」などは幻想である。「コップである」とは、人がそれを「コップとして使う」という事実なのであり、そのようにある物体を扱う関係性に依拠する。使われないコップは、すなわち「コップ」ではない。

「コップ」の「意味」とは、そういう扱いの形式、そのものとの関係の仕方のことである。関係の仕方に過ぎないものを、それ自体で実在する「超越的」根拠や「本質」と考えることは、錯覚としか言いようがない。

この種の錯覚の最もわかりやすい例は貨幣である。取引という関係性を媒介するに過ぎないものが、その関係性を担うがゆえに、それ自体で価値あるもののように錯覚される。だから、最初期の仏教が貨幣に否定的な態度を示すのは、思想的にも理に合う話なのだ。

本稿では、このような考え方を踏まえて、それぞれの思想がどのように言語を考え、扱っているかに目配りし続ける。

私は、仏教思想の核心にある問題は言語、より正確に言うなら、言語において意味するもの（言葉）と意味されるもの（経験）の間にあると考えている。事実上、本稿で議論の軸をなすのは、表立って言及するかどうかは別として、言語なのである。

実存の無常と超越への希求

この「超越と実存」という問題設定は、有史以来日本においては、ある一時期を例外に、ほとんど思想的に行われることはなかった。

仏教伝来以前の思想性を感じさせる言説、たとえば『古事記』のような書物には、「超越的」存在に関説するものが絶無に近い。『古事記』の「神」の振る舞いは、どうみても部分的に能力を拡大された「ひと」であり、そもそも生者の世界と死者の世界が地続きでは、超越性も何もないだろう。

伝来した仏教も、奈良時代までは文化・学問・先進技術として国策的に受容されたと言っても過言ではなく、その宗教的意味も、祈禱を中心にほぼ現世利益に集中していた。実存がそこで問題化することは、わずかな例外を除けば、なかったのである。

確かに最澄《さいちょう》の大乗戒壇《だいじょうかいだん》設立の運動、空海《くうかい》の密教思想は、単なる現世利益とは無縁であり、むしろ現世の在り方を鋭く問う独自の視点を持っていた。

しかしながら、彼らの言説は当時の国家体制を前提とする範囲を超えてはいない。彼らの持ち込んだ超越性は、結局共同体の秩序内に吸収され、これを肯定する言説を出ない。

問題化の萌芽は、平安期の浄土教にある。そこにおいては、「死」が実存の問題として語られるが、いかんせん極めて狭い範囲（主に貴族社会）に留まった。

　これが社会的に全面的に問題化した現象が、平安末期から鎌倉時代に、仏教革新運動を担った法然《ほうねん》、親鸞《しんらん》、道元などの祖師たちの登場である。彼らの言説は、日本においては空前絶後の思想性を持つものであり、以後、少なくとも一九八〇年代、つまりバブル期まで、あのような強度を持つ言説は現れなかった（キリスト教とマルクス主義は明白な超越性を持つ言説として輸入されたが、学問的理解は高いレベルで進んでも、その受容は極めて限定的でしかない）。これはどのような事情によるものか。

　私が思うに、日本ではこれまで、鎌倉期をただ一つの例外に、「超越と実存」を問題にするような思想的言説が必要とされなかったのである。

　我々は自分が何者であるかを、まずは共同体（家族、近隣、会社、国家等々）において規定される。この共同体が与える「役割」としての自己の在り方が安定していれば、その在り方自体を問題にする意識は先鋭にはならない。

　日本においては、この共同体と個々の人間との関係が、相対的に安定的に推移してきたと言えるだろう。それは血縁と地縁を基盤として共同体を編成する作法が、古墳時代の昔から近代国家を作るまで通用したことを見れば明らかだろう（「天皇」存続の意味）。

　とすると、このような安定期における思想的言説は、現状肯定的に傾くだろうから、人々に共同体から配分された「秩序」や「役割」に安住することを促しやすい（「分を守れ」「上見て暮らすな、下見て暮らせ」）。

ところが、共同体が解体の危機に曝されるほど動揺すれば、事情は一変する。共同体が保証していた「役割」は輪郭を失い、我々は実存として剝き出しにされる。

それは「自分は何者なのか」の問いが先鋭に意識される事態である。この問いに答えを与える何か、すなわち実存に根拠を与える何かが求められたときに、「超越」的存在が必要とされるのだ。

平安末から鎌倉期は、まさにそのような時代だった。それまでの共同体は全面的な危機に陥り（「院政」という律令制の異常状態と武士勢力の勃興）、打ち続く戦乱や災害が、死を身分の上下に関わりなく日常化した。ここにおいて「超越と実存」は社会の表面で大きく問題化したのである。実存の「無常」は眼前の事実であり、「超越」への希求は切実となったのである。

私は、鎌倉期以後、同じ状況が初めて今、この我々の同時代に起こっていると思う。そして、その状況は、ゴータマ・ブッダの生きたインドにもあったと思う。つまり私は、ゴータマ・ブッダの時代、鎌倉期の祖師の時代、我々の時代に、共通の状況を見るのであり、したがって、「超越と実存」を語る必然を見るのである。

「現代」への問い

これら三つの時代に共通するのは、貨幣経済の浸透、すなわち社会における市場化の進行と従来の共同体秩序の動揺と解体である。

ゴータマ・ブッダ、そして仏教の支持者は、新興勢力の商人たちだった。鎌倉時代は、生産力の拡大と共に、平安末期に導入された宋銭の流通が加速した。そして、我々の時代はグローバリズムの時代である。

貨幣による売買のシステム、つまり市場においては、物は売買の対象物としてのみ価値付けられ、人間は売買の主体としてのみ意味付けられる。すると、このシステムの拡大深化は、従来の共同体が規定する人や物の「秩序」や「役割」を解体してしまう。

売買においては、身分や職種は無意味であり、貨幣と商品の保有と交換意志だけが問題である。共同体の「文化」や「伝統」も、市場においては売買可能か、売買する意味があるかないかだけが問題にされるに過ぎない。

したがって、このシステムにおいては、売買する「自由」と売買チャンスの「平等」が必要とされ、そういう実存として「個人」が出現する。それは要するに、剥き出しの実存が現れるということである。

とすると、剥き出しの実存は、それまで共同体が供給していた自らの存在意義を、新たに自分で調達しなければならなくなる。

したがって、これらの時代には、従来の共同体を根拠づけるために動員された思想的言説とは異なる新たな言説が多量に生産される。ブッダ時代の自由思想家群（ブッダ本人や、いわゆる「六師《ろくし》外《げ》道《どう》」）、鎌倉期の仏教革新運動、現代の新しい形態の様々な宗教運動と「自己啓発」活動。

これらの運動は、インドのバラモン教、奈良平安期を通じて体制化された「顕密」仏教、「葬式仏教」と揶揄される現代の「伝統仏教」教団へのアンチテーゼと言えよう。

先に私は、密教と浄土教を例に、それが仏教でなければならない理由があるかなどという僭越な問いを発した。その理由こそが、今述べてきた時代状況である。

ならば、密教と浄土教ばかりの問題ではないことは、端から自明である。いま日本で問われているのは、仏教そのものなのだ。とりわけ、「最後の封建制度」とも言われる「檀家制度」の急速な解体にさらされる「伝統教団」にとっては、自らの存在意義を賭して、仏教者として何を人々に説き、どのような行動をとろうとしているのか、根底から問い直す喫緊の必要がある。

私が本稿で試みる独りよがりな主張は、この問い直しの一環である。私は実存の問題として仏教を考え続けてきた。それ以外に用はなかったのである。この問題から仏教を見通そうという企ては、したがって、現代において僧侶であること、とりわけ道元門下の僧侶であることの意味を、自ら再定義することに通ずる。それが今、時代に対する責任なのだと、私は思っている。

次章以後、私の独断と偏見で、以下の言説をとりあげ、順次意見を述べることにする。

まずインドに生まれた、ブッダのものとされる諸言説、倶舎《くしゃ》論を主とする言説、「般若経《はんにゃきょう》」系経典の思想、華厳経《けごんきょう》の思想、法華経《ほけきょう》の思想、浄土経典の思想、竜樹《りゅうじゅ》と中観《ちゅうがん》思想、唯識の思想。

ついで、中国における、天台思想、華厳思想、浄土教の思想、禅の思想。

そして、日本。『古事記』の世界観と仏教伝来について、最澄の思想、密教と空海の思想、天台本覚思想、法然、親鸞、道元の思想。

本稿は、およそこれだけの言説群を、自らの問題意識で串刺しにしようという、きわめて強引で野蛮な試みである。

なお、関説する祖師方に対する敬称を一切省略する。あしからずご海容を請う次第である。

第一部　インド——無常の実存、超越の浸透

第一章　ゴータマ・ブッダ

決定的わからなさ

ゴータマ・ブッダ、あるいは仏教を語る時、一番の困難は、最も肝心なことがわからないことである。

肝心なことは二つ。「悟り」（あるいは「解脱《げだつ》」）と「涅槃《ねはん》」である。この二つが実際に起こったと信じない限り、仏教徒たりえない。たとえば、キリスト教徒における「復活」のようなものである。

しかし、「復活」ならば、それがどういう事柄であるかは聖書に書いてあって、それを読んだ人間はみな、思想的な評価や解釈はともかく、その前提として語られた「事実」については、ほぼ同じように理解するだろう。

ところが、「悟り」や「涅槃」の場合、何が起きたのか、「悟り」というなら何を悟ったのか、「涅槃」はどんな状態なのか、これらについてゴータマ・ブッダの言動を記録するとされている経典（いわゆる「初期経典」、「ニカーヤ」と称されるパーリ語経典）に確たることは何も書いていない。たとえば、『律蔵』などは、悟り終わったところから始まる。

そのとき、ブッダ世尊はつい今しがたさとられ、ウルヴェーラーのネーランジャラー川のほとり、菩提樹の根もとにおられた。そして世尊は七日のあいだ菩提樹の根もとで、一たび足を組んだままの姿勢で、解脱の安楽を心ゆくまで味わって坐っておられた。

これが『中部経典』では、川のほとりに坐しながら、生まれる者・老いる者・病む者・死ぬ者・憂える者・汚れた者である自分（ブッダ）が、生・老・病・死・憂い・汚れの患いを知り、生まれず・老いず・病まず・死なず・憂いなく・汚れない無上の安らぎであるニルヴァーナを求めて、それを得たのだ、と語っている。が、これだけでは、「無上の安らぎであるニルヴァーナ」がどういうことなのか、まったくわからない。

さらに『相応部経典』では、「六入《ろくにゅう》」と呼ばれる眼・耳・鼻・舌・身・意について、自分は何が耽溺・患い・出離であるか、悟る前は知らなかったが、これらを如実に知ったから、無上の悟りを悟ったと称したのだと語っている。

この語りでは、知らない状態から「如実に知った」状態への転換が、どのように起こったのかわからない。まさにその転換が「悟り」と称せられるべき事態であろうに。

他にあるのは、四種類の禅定《ぜんじょう》（「四禅《しぜん》」）を完成したら、自分の前世と衆生の来世が見えるようになり、もろもろの汚れを滅する明知が身について解脱したという話で、もはや「悟り」らしき事柄は言及もされない。

つまり、経典には、「悟り」とは何なのか、何を「悟った」のかについて、ほとんどまともな説明はない。

ということは、ブッダ以後の者はみな、「悟り」に関して、確実なことは何も言えないことになる。誰がどう悟ろうと、それがブッダと同じ「悟り」であると断定する根拠はない。何を悟ったと言おうと、それがブッダの「悟った」ことと同じだと証明する術もない。

ならば、我々がどう「悟り」を語ろうと、それは「悟ったかのように」語っているにすぎない。それを「ブッダと同じ悟り」と認定するかどうかは、ある時ある場合に誰かが考案した認定の手続きやシステムを、どのくらいの人間が支持するようになるかという、ほとんど政治的な問題であり、ブッダとは関係ない。

さらに「涅槃（ニルヴァーナ）」は、「悟り」以上に理解不能である。

まず先述した「無上の安らぎ」というアイデアは、「無上」とそうではない「安らぎ」の違いが理解できない限り、無意味な概念である。

それ以上に決定的に問題なのは、「涅槃」が直接には「ブッダの死」を意味することである。

ブッダのみならず、あらゆる「死」について、生きている人間が生きている間に使っている言葉で語ることは、原理的に不可能である。つまり、何を言っても「涅槃」を語ったことにはならないのだ。

『スッタニパータ』という経典は、解脱した聖者を「滅びてしまった者」と呼んで言う。

滅びてしまった者には、それを測る基準が存在しない。かれを、ああだ、こうだと論ずるよすがが、かれには存在しない。

では、この事情を踏まえて、私は何を考えるか。

青年シッダッタの問題意識

まず、「涅槃」については語りえない。何を語ろうと、正しいとも間違いとも、誰にも言えない。したがって、語ること自体が無意味である。

では、「悟り」はどうか。ブッダの「悟り」そのものは語りえないとしても、その意味するところを自分なりに類推することはできるだろう。

その場合、私が大切だと思うのは、第一に、ブッダが悟る前、何を問題にし、何をしたのかということ。第二に、悟った後、何を語ったのかということである。これらを検討することで、間の「悟り」にアプローチするという方法を、今般私は採用する。

悟る前のブッダ、つまり出家修行者ゴータマ・シッダッタ時代において注目すべきは、次の三点だと思う。

一、青年期の問題意識
二、二種類の禅定の否定
三、苦行の放棄

出家の直接的動機とは言えないにしろ、そこにいたる、いわばプロブレマティーク（問題領域）ともいうべき青年期の回想が『増支部経典』にある。彼は自分の恵まれた生い立ちを語った後、弟子たちに言う。

比丘《びく》たちよ、私はこのように盛運を具《そな》え、このようにきわめて優しく育てられたが、つぎのように思った。

「教えを聞かない凡人は、自分も老いるもの（病むもの・死ぬもの）であり、老い（病・死）を越えることがないのに、他人が老いる（病む・死ぬ）のを見て、自分だけはやり過ごし、戸惑い、閉口し、忌避する。私もまた老いるもの（病むもの・死ぬもの）であり、老い（病・死）を越えることがないのに、他人が老いる（病む・死ぬ）のを見て、自分だけはやり過ごし、戸惑い、閉口し、忌避するとしたら、それは私にふさわしいことではない」と。比丘たちよ、私がこのように考察したとき、青春における青春の（健康における健康の・生存における生存の）傲《おご》りは、すっかり消滅してしまった。

ここで述べられていることは、老いや病、そして死の生理的苦痛などという次元の話ではない。そうではなくて、老い・病・死に対する人間の態度の取り方、それらに「閉口」し、「忌避」し、まだそうなっていない間には「傲り」をもたらすような考え方についてである。

ではなぜ、人間は老い・病・死を忌避し、そうならないうちには傲りを持つのか。

換言すれば、ネズミには、老い・病・死はあっても、その忌避も傲りもない（であろう）のは、どうしてか。

それは人間が「自己」という様式で実存するからである。ネズミには「自己」がない。「自己」が人間しか持たない存在様式であるとは、どういうことか。

たとえば、還暦の自分と三歳の自分が「同じ自分」であるということは、いかにしても証明できない（「三歳の自分」はもういない）。「自己」とは事実ではなく、観念である。

「自己」は「私がいる」「私である」と認識する実存と、それを承認する「他者」が共同で仮設している存在様式なのだ。

この「自己」が仮設されない限り、「オレの若いころは」という述懐も、「老い先短い」という愚痴も、成り立たない。肉体の時間的「変化」を認識させる「同一性」としての「自己」が想定できないならば、「変化」はただの「推移」にすぎない。

「自己」がなければ、その実存はおそらくネズミ同様、老いや病や死を、生理的不快や苦痛として、時々刻々の瞬間的経験としてのみ感じ、ただ「反応」するだけだろう。

人間が「閉口」し、「忌避」し、「傲り」を持つのは、「自己」において、老い・病・死を「知って」いるからである。

ということは、「自己」という様式に拘り、執着する限りは、「閉口」も「忌避」も止まないだろう。この場合、「自己」への拘りと執着は結局、それが単なる仮設物ではなく、確たる存在根拠を持つ「実体」だと考える態度に帰着する。

ゴータマ・シッダッタは、彼の求道のはじめに、老い、病み、死ぬ人間が、自らそうであるのに、それらをひたすら忌避し、若く健康で生きていることに「傲り」を持つ姿を見て、そのような存在の仕方自体（＝「自己」）を「ふさわしくない」と断じたのだ。これが、彼が後に言う「苦」である。

ということは、もし「苦」から解放されようとするなら、「自己」の在り方を問題にしなければならない。つまり、それへの執着、「自己」が存在根拠を持つ「実体」と考えることを否定しなければならない。

「実体」とは定義上、常に同一で、他との関係によって変異せず、それ自体として存在するものである。古代以来のインド思想では「アートマン（我）」と呼ばれる。

「自己」はそのような「実体」ではない。そのような「実体」的根拠を持たない。これが、後に仏教の中心的教説となる「無常」「無我」という言葉の核心的意味である。

ところが、人間は「無常」で「無我」であるにもかかわらず、「自己」として常に同一であると錯覚している。還暦の「自分」と三歳の「自分」は、「見かけ」は違っても「同じ自分」だと認識している（それ以外に人間としての在り様はない）。その同一性に根拠があると思っている。この根源的な妄想が「無明《むみょう》」と言われるものである。

すると、逆に、「無常」で「無我」の実存に、存在根拠を設定して「実体」化しようとすれば、その存在根拠は当然、「無常」でも「無我」でもないのだから、実存の外側にしかない。つまり「超越」的であるしかない。ということは、実存はなんらかの方法で超越的何かと結託しなければ、根拠を自らに引き込めない。

二つの禅定の否定

ここで注目すべきは、出家修行者となったシッダッタが二人の師について行った禅定修行と、その否定の理由である。

彼は出家後にアーラーラ・カーラーマ、ウッダカ・ラーマプッタという二人の人物を指導者として、それぞれ「なにもないという境地」（「無所有処《むしょうしょ》」）「想いがあるのでもなく、ないのでもない境地」（「非想非非想処《ひそうひひそうしょ》」）という境地に達する瞑想を修行し、たちまちそれらの境地に達してしまう。そして、こう言う。

この教えは厭い離れることに導かず、貪りを離れることに導かず、(煩悩を)滅することに導かず、証知に導かず、正しい目覚めに導かず、ニルヴァーナに導かない。ただ、「なにもないという境地」「想いがあるのでもなく、ないのでもない境地」に達するのみであると。そこで、修行僧たちよ、わたしはその教えに満足せず、厭って、その教えから去った。(『中部経典』)

ここで問題なのは、修行の目的とされている二つの境地が、ある超越的な領域を意味していることである。その場合、言及されている超越的な境地は、実存との関係でどう考えられるべきか。「自己」という実存様式は、具体的には自意識として現象化する。そして自意識の現実様態は言語機能である(「私」とは、「私である」と言明できる事態)。つまり「自己」の実存は自意識的実存であり、言語内存在なのだ。

この自意識と言語機能が、「無常」「無我」の実存であるはずの「自己」を、それ自体に根拠を持つ実体と錯覚させるのである。

言語は不可避的にこの錯覚を引き起こす。というよりも、その錯覚こそが言語の機能なのだ。「机」と呼ばれる個々の物体は千差万別であっても、そのすべては「机である」。これを言いかえれば、「机である」と認識されたものだけが「机である」、ということになる。

これはつまり、個々の物体には「机である」ことを根拠づけるなにものかが内在していて、それを「自己」が認識する、という理屈に依っているのだ。

これとまったく同じ理屈が、「私がいる」という認識、つまり「自己」認識にも作用しているのである。時と場所が異なっても同じ「私」がいるのは、その同一性を保証する根拠があるからであり、その根拠こそが「真の私」だと、言いたいわけだ。

「なにもないという境地」「想いがあるのでもなく、ないのでもない境地」とは、この認識が無効になり（「なにもない」）、言語機能が停止する（「想うのでも想わないのでもない」）特異な領域を意味する。すなわち、それは実存とは隔絶した次元への超越を狙うことである。

これはある意味で、「自己」の錯覚を解消する方法のように見える。ところが、まさに特異な領域を設定したその瞬間に、錯覚に陥る。目指している特異な領域が実在して、そこに到達したのだという「判断」を行うには、自意識と言語機能を使うほかないからだ。

いや、その「判断」は「超越的で特異な自意識と言語機能が行う」と言っても、事情は変わらない。その「特異さ」の判別は何が行うかが問われ続け、無限遡及になるほかはない。

「超越」はしばしば、「言葉を超える真理」と説明される。しかし、本当に言葉を超えれば、もはや語り・考える意味も手段もない。だから、「言葉を超える真理」は、まさにそう語られた瞬間から、意味不明の空虚な言葉としてしかありえないのである。

とすれば、超越的な何ものかと結託して、それを根拠に「自己」を肯定する（たとえば「真の自己」という観念）方法は、所詮「自己」という錯覚から修行者を離脱させない。だから、シッダッタは、「その教えから去った」のである。

苦行の否定

その後のシッダッタの修行で重要なのは、同時代の様々な系統の修行者が実践していた苦行を、彼も実践した上で、捨てたということである。『中部経典』などにはシッダッタの行った極端な苦行の数々が述べられている。裸で通す、頭髪を引き抜く、坐らない、棘の上に寝る、一粒の米のみ食べて過ごす。中には、大便を食べるなどというものまである。これらはみな、当時ポピュラーな苦行だったのであろう。彼はこれらを実践して、捨てた。なぜか。

それは、苦行が超越のための手段だからである。超越的領域に到達するには、それが実存からの離脱を意味する以上、通常の実存の生活経験とは全く別の、それを否定するような、尋常ならざる行為が必要だと、苦行者は考えるのだ。ならば、二種類の禅定を否定したシッダッタが、苦行を最終的に採用するはずがない。

以上、悟る前のシッダッタの問題意識、二種類の禅定と苦行の否定から言えることは、以下であると私は考える。

一つは、「自己」という実存には、そのような「自己」である根拠が欠けている。にもかかわらず、根拠があるかのように錯覚することから、「苦」が生じる。

二つには、それ自体には欠けている実存の根拠として、実存の外側に要請されるものが、超越的な何かである。しかしながら、そこに到達する、あるいはそれを獲得するという方法で、実存の「苦」は解決されない。単に別の錯覚が起こるだけである。

三つには、根拠の錯覚と超越の設定は、根本的に言語の機能である。問題の核心に言語がある。では、「悟った」後に、ゴータマ・ブッダはどんなことを言ったのか。

「無常」と「無我」の教え

「悟った」後、ゴータマ・ブッダが説いたアイデアの核心を定式化した言葉と言えば、『ダンマパダ』にある次のものだろう。

「一切の形成されたものは無常である」（諸行無常）と明らかな知慧をもって観るときに、ひとは苦しみから遠ざかり離れる。これこそ人が清らかになる道である。

「一切の形成されたものは苦しみである」（一切皆苦）と明らかな知慧をもって観るときに、ひとは苦しみから遠ざかり離れる。これこそ人が清らかになる道である。

「一切の事物は我ならざるものである」（諸法非我）と明らかな知慧をもって観るときに、ひとは苦しみから遠ざかり離れる。これこそ人が清らかになる道である。

これらのアイデアは、上述した青年シッダッタの問題意識と求道の過程から見て、出るべくして出た結論であろう。

問題は、ここで説かれている三つの教えの相互関係である。それはこう考えるべきであろう。およそ存在するものは「無常」であり、何ものも存在するものそれ自体を根拠づけない（我ではない）。にもかかわらず、「我である」と錯覚することが、「苦しみ」の原因なのである。このことを『スッタニパータ』ではこう言う。

見よ、神々並びに世人は、非我なるものを我と思いなし、〈名称と形態〉（個体）に執著《しゅうじゃく》している。「これこそ真理である」と考えている。

この場合、「一切の事物は我ならざるもの（非我）である」という言い方は、「我」の存在を否定しないが、「一切の」と言うからには、「我」は私たちの認識から外れる。とすると、厳密には存在するともしないとも言えないわけだから、もはや「我」を論じることは不可能かつ無意味になる。ならば、事実上「何ものも我ではない」は「何ものにも我は無い（無我）」と同じ意味になる。

この「我ではない（非我）」あるいは「我がない（無我）」であるにもかかわらず「我である」「我がある」と錯覚することに根本的な問題があるという教説は、「無明」と「無記」というユニークなアイデアに連動する。

先に紹介した『律蔵』の記述では、「悟った」後ブッダが最初に考えたのは、いわゆる「十二支縁起」であるとされている。「無明」はその冒頭に位置づけられている。

私に言わせれば、「十二支縁起」は、「自己」という実存様式の構造分析モデルである。「十二支」は、無明—行—識—名色《みょうしき》—六入—触《そく》—受—愛—取—有《う》—生—老死の十二項目を言い、各項目につき、前項がその項目の原因、後項がその項目の結果として連鎖することを「十二支縁起」と言う。

したがって、「無明」は根本原因、「老死」は「自己」という苦的実存の極相である。

この因果連鎖を、各項がそれ自体として実体的に存在し、互いに前項が後項を「引き起こす」と考えるべきではない。

そうではなくて、「無明」を、「非我」「無我」を「我」に錯覚する、言語の根本機能のことだと考えれば、これは直ちに、現にここにいる「自己」の構造分析になる。

言語機能（無明）が発動（行）すれば、それは意識（識）が発生したということである。意識は常に観念や物的現象（名色）などの対象についての意識であり、この対象を言語機能はそれ自体で存在する実体だと思わせるだろう。そのような認識は、認識の主体を要請する。それが眼・耳・鼻・舌・身・意（識）という六つの感覚・認識器官の構造体（六入）である。

通常の我々のものの考え方や認識の枠組みは、この対象（名色）と認識主体（六入）がそれ自体で実体的に存在し、相対しているという図式になっている。この両者の接触（触）は認識主体においては外界の感受として知覚（受）となり、知覚にしたがって愛着や嫌悪（負の愛着）という執着（愛）が起こる。その執着が所有や排除など、対象への具体的行動（取）をとらせる。言語機能の発動がこのような「自己」の実存様式（有）を規定するから、それが実際に現実化すれば（生）、それは青年シッダッタが問題にした、老いと病と死を極相（老死）とする「苦」的実存としての「自己」の在り方となる。

「無明」の解毒としての「無記」

「無明」のアイデアは、もう一つの極めて特色ある教説に反映する。それは「無記」と称される形而上学的問題に対する判断拒否の態度である。

ブッダは、次のような問題には答えなかったという。すなわち、我及び世界は常住（永遠に存在すること）か、常住ではないか。我及び世界は空間的に有限か、無限か。身体と霊魂は一つであるか、別であるか。覚者は死後に存在するか、しないか。

これらの問題の核心は、結局、常に同一で不変な何ものか、つまり「実体」があるのかないのか、という問いに帰着する。

「無限」であるとは、何ものかについて、時間的に（常に）あるいは空間的に（どこでも）不変である、ということである。

「身体」に対して「霊魂」を持ち出すのは、変化する「身体」に対して、「自己」の同一性を担保する不変の「実体」としてである。

「覚者」の死後の存在にしても、それを問う意味は、「身体」の消滅という決定的変化を超越する「実体」的存在として、「覚者」を考えるのかどうかということである。

これらの問いに対して答えることは原理的に不可能である。有限の存在である我々は、永遠不変の「実体」を認識することができない。「認識できない」とは、それが有るか無いか答えられない、という意味である。

これは、先述した「非我」「無我」の立場の正確な反映である。「永遠」「普遍」な「実体」が認識できると断言するのは、「非我あるいは無我を我と思いなす」言語的錯覚にすぎない。

ということはすなわち、「無記」という教えの意味は、「我」を錯覚する「無明」の解毒なのである。彼は言う。


世の中には、多くの異った真理が永久に存在しているのではない。ただ永久のものだと想像しているだけである。かれらは、諸々の偏見にもとづいて思索考究を行なって、「(わが説は)真理である」「(他人の説は)虚妄である」と二つのことを説いているのである。(『スッタニパータ』)

「わたくしはこのことを説く」、ということがわたくしにはない。諸々の事物に対する執著を執著であると確かに知って、諸々の偏見における（過誤を）見て、固執することなく、省察しつつ内心の安らぎをわたくしは見た。（同前）

ブッダの「悟り」

ここまで、「悟り」の前後を物語る経典によって、ブッダのアイデアを検討した。では、そこから「悟り」をどう推定できるか。手掛かりを経典から紹介する。

〈われは考えて、有る〉という〈迷わせる不当な思惟〉の根本をすべて制止せよ。内に存するいかなる妄執をもよく導くために、常に心して学べ。（『スッタニパータ』）

このデカルトのコギトを髣髴とさせる「〈われは考えて、有る〉という〈迷わせる不当な思惟〉」は、まさに言語機能としての意識のことだと言うべきである。

とすれば、その「制止」を、つまり言語機能の停止と意識の解体を、ある方法、すなわちネーランジャラー川のほとりでの禅定で、ブッダは成し遂げたのであろう。

問題はここからである。この停止状態を特別な「超越的境地」と見做し、「真理」として実体化したとたんに、彼が修行時代に出会った二人の指導者の錯覚に陥る。そうではなくて、彼は禅定において、「無明」を発見したのだ。禅定という身体技法で、意識と言語機能を容易に変様させ・解体させることができると自覚することによって、彼はそれが産出する「実体」の錯覚から自由になった。

と同時に、特定の身体行為の様式が意識と相関的であることを理解した。逆に言えば、言語機能を亢進し自意識を過剰にする、つまり「苦」に陥る行為・生活様式があるということである。私は、このことが「悟り」の実質だと考える。

彼は「特別な境地」というゴールに到達したのではなく、「無明の発見」という教えの土台を得たのだ。だから、その直後に「十二支縁起」の話が続くのである。

無論、あれほど完成された「十二支縁起」教説が最初からブッダによって説かれたのではないはずである。しかし、錯覚にもとづく思考や行為が「苦」的実存（あるいは実存的「苦」）を構成する、というアイデアは語っていただろう。だとすれば、この話の核心は「錯覚」の発見である。だから、ブッダは言う。

> 真理は一つであって、第二のものは存在しない。その（真理）を知った人は、争うことがない。かれらはめいめい異った真理をほめたたえている。それ故に諸々の〈道の人〉は同一の事を語らないのである。（同前）

「真理は一つ」と言いながら、それを声高に主張して「めいめい異った真理をほめたたえている」（つまりブッダからすると「間違っている」）人々を論破しようとしないのは、そのような行いがまさに「無明」のなす業と考えるからだろう。いわば、このような「真理」への自制こそが「無明」の発見が導く態度である。

実践の意味

「無明」の発見が、彼の教説と実践の土台になる。

「十二支縁起」と並んで有名な説示に「四聖諦《ししょうたい》」がある。次にこれを見よう。

一切は「苦しみ」であると認識すること（苦諦）、その「苦しみ」には原因があり（集諦《じったい》）、「苦しみ」は滅することができ（滅諦）、滅する方法がある（道諦）。

このうち、「苦諦」にあたるのが、「無明」であるとすれば、滅する方法（道諦）は、その発見から導かれる。

たとえば、初期の仏教では欲望、特に所有欲と性欲、さらに他人に対する怒りや非難などの制止を、修行として強調するが、これらの核心に「無明」がある。

「所有」という行為は、根拠なき実存としての「自己」に、所有主体としての根拠を錯覚させる。「所有」行為の実質が「対象を思い通りにできる」ということなら、それは「思う、ゆえにあり」の錯覚、ブッダの言う「迷わせる不当な思惟」を引き起こす。このことは、思惟の対象もそれ自体として存在するのだと錯覚することを、前提とする。所有の対象が「無常」では、所有が無意味になるのは当然である。

人間の性欲は、動物のごとき単なる本能的性欲求ではない。その根底には、所有欲がある。すなわち、相手の性的関心を自分一人に集中させた上で、自分の思い通りにしたいという欲望がある。

怒りや非難は、自分が正しいという確信がない限り、成り立たない。しかしそれは、「『わたくしはこのことを説く』、ということがわたくしにはない」という人物にとっては、錯覚以外の何ものでもない。

このような教説は極めてラジカルである。すなわち、ブッダは、「私は苦しい」というとき、その対策として、「苦しみ」ではなく「私」を消そうとした。

だが、この世にある限りは、何らかの「私」を維持するほかはない。おそらくゴータマ・ブッダも、「私」として存在する限り、その最後の日まで完全なる苦しみからの解放はなかったであろう。彼の「問題」が消えたのは、彼自身が消えたまさにその時なのだ。

ならば、何事にも「解決」を欲する者に、彼の思想がそのままに引き継がれるはずがない。後に、事態はそうなった。

参考文献：『原始仏典一　ブッダの生涯』（講談社）、『原始仏典　第四巻　中部経典Ⅰ』（春秋社）、『ブッダのことば――スッタニパータ』『ブッダの真理のことば　感興のことば』（以上、岩波文庫）

第二章　アビダルマ、般若経典、華厳経典の思想

　前章で私は、ゴータマ・ブッダの「悟り」を「無明の発見」だと推定した。それはすなわち、実体（アートマン）として存在しないもの（「無常」「無我」としてあること）を、存在すると錯誤することの自覚であり、この錯誤が言語機能による「迷わせる不当な思惟」から生起すると認識することである。

　この自覚と認識は、「私がある」という事実から生じる決定的問題（たとえば「私とは何か」「私はなぜ死ぬのか」）に決して「正しい」答えを与えない。当然だろう。「正しい答え（真理）」は、それ自体として不変でなければならない。「無常」や「無我」ではありえないのだ。

　しかし、解消しがたいこの問いに、「私」という様式で実存する存在者＝人間は耐えられない。だから、「答え」を出そうとする。釈尊没後からほどなく、その試みが始まる。

要素分割主義のはじまり

ある存在に実体はない。しかし、その存在には根拠（真理）がある。この矛盾した考え方を解決する場合、「神」だの「イデア」だの「霊魂」だのを持ち出さずに用意できるもっとも単純な答えは、その存在自体には実体がないとしても、別の何かが集合して、あたかもそれが実体としてあるかのように見えている、というアイデアである。

このアイデアを、ヴァジラー尼と呼ばれる女性修行者の言葉に見よう。

この〈生ける者〉はただもろもろの形成されたものの集合である。ここに〈生ける者〉は認められない。譬えば実にもろもろの部分が集まったならば「車」という名称が起こるように、それと同じく、五つの構成要素（五蘊《ごうん》）が存在するのに対して〈生ける者〉という仮りの想いが起こるのである。（『相応部経典』）

「五蘊」とは、人間の存在を身体（色）、感受作用（受）、表象作用（想）、意志的作用（行）、認識作用（識）の五つの要素に分けたものである。

このヴァジラー尼のアイデアによく似た議論は、後の『ミリンダ王の問い』（ギリシャ人王と仏教僧の対話）を記録した経典に登場するナーガセーナの発言にも見られる。

このような存在や現象を要素の集合体として認識する考え方は、ゴータマ・ブッダの言葉としても伝わるが、その場合は、要素としての「五蘊」各々が無常であり、実体（アートマン）ではない、と主張する文脈に現れる。

ところが、ヴァジラー尼の説では、存在を構成する五要素は、それ自体をある程度「実体」的に理解しなければ、「車」に喩える意味がない（「部品」自体は「ある」としなければ「車」にならない）。

そうだとすると、この考え方は、古今東西に見られる思考様式の一つということになる。古代ギリシャのデモクリトスやエピクロス、イスラーム神学にも同様の議論があるという。そして何より、対象を要素に分解してその相互関係を数式で表現して理解するという近代科学の手法は、代表的な要素分割主義の思考様式である。

この要素分割主義には共通の難点がいくつかある。

第一、分割したものがそれ以上分割できないと、なぜ言えるのか。
第二、分割する方法が「正しい」と、どのように認定されたのか。
第三、第一第二に関係して、分割する主体自体とその能力の正当性はどう担保されるのか。

これらの難点は、ブッダ入滅後に修行者集団が教義を統一し組織化され、いわゆる部派仏教（または上座部仏教）と呼ばれる教団が成立していく過程で、どう処理されていっただろうか。

アビダルマの思想

部派の思想（アビダルマ）に登場する、要素で諸々の存在を分析する手法は、その各要素を「実体（それ自体として変わらないもの）」と考えない限り成り立たない。

その代表的なアイデアは、『倶舎論』に出てくる「五位七十五法」などの要素分割主義であろう。これは存在を「五蘊」という五つの要素に分割した従前のアイデアを、さらに細分して仕立て直したものであり、当然七十五の各「法」は無常ではなく、「自性《じしょう》」を備えた完全な実体として扱われる概念である。

「五位」とは簡単に言うと、物質（色法）、意識（心王）、意識作用（心所法）、それら以外のもの（心不相応法）、変化せず原因や条件によって生起するものではないもの（無為法）、の五つである。「それら以外のもの」には言語や生起・消滅・変化などの現象を起こす力も含む。「変化しないもの」には虚空、涅槃が入る。

このようないわばカテゴリー表の制作は、制作者にそれなりの根拠が意識されていたにしろ、これ以上の分析は必要がないとなぜ判断できたのか。彼の分析の方法的正当性はいかにして証明されるのか。

つまり、第一と第二の難点は、どう解消されるのか？

解消されないであろう。解消の可否は、分析した当事者の能力をどう説明するかによる。つまり、分析能力の「正しさ」は何が担保するのかを説明しなければならない。となると、それは当然、分析者はゴータマ・ブッダと「同じ悟り」を得ていたのだ、ということにせざるをえない。

　ところが、この「同じ」を証明することは、前章で述べた通り、原理的に不可能である。ブッダの「悟り」それ自体が何であるかがわからない以上、ブッダ以外の誰がどう「悟」ろうと、「同じさ」は証明できない。

　そこで、体験自体の「同じさ」は証明できなくても、「悟り」に至る方法は「同じ」だとして、「同じ」方法だから「同じ」目的（「悟り」）に達したとするアイデアが重要になる。その方法の代表的なものが、論書では「四念住《しねんじゅう》」と呼ばれ、あるいは「ヴィパッサナー瞑想」として今に伝わる修行法である。この瞑想が導出する意識様態が土台になり、これをさらに他の修行法と関連付けつつ強化展開すると、「悟り」に達すると考えるのだ。

　すると、奇妙な事態が生じる。上座部から日本の禅宗まで、それぞれの瞑想や禅定を行うと最終的にどうなるか、つまり結果的に到達する「悟り」「涅槃」「解脱」とはどのようなものかを語る段になると、大抵は「それは言葉で言えるものではないが、あえて言えば」という類の枕詞をつけて、当事者は皆ほとんど同じようなことを言う。

　いわく、「『私』ということが消える」「対象と観察が停止する」「すべてが終焉した」「自他不《じたふ》二《に》の境地」「思慮分別を超えた絶対無」、エトセトラ。

　これは要するに、どの方法を用いても最終的に同じような自意識の解体的変容が起こり、その方法の違いに大した意味はないということになるだろう。

すると、これら大差ない意識変容をブッダの「悟り」や「涅槃」そのものとして強弁するなら、自らの選択する瞑想や禅定の方法的優越性・真理性を主張する理屈をあらためて制作しなければなるまい。

ところが、ブッダが「悟り」にも「涅槃」にもまともに言及していないから、どう考えても特定の方法の優越性や真理性を担保する根拠は、誰であれ提出できない。この事情はヴィパッサナー瞑想の場合も、まったく同様である。

「ヴィパッサナー瞑想」の方法的核心は、瞑想というよりも観察である。つまり、主に坐位にあって、また最終的には行住坐臥《ぎょうじゅうざが》全般にわたり、心身の状況を極端に言うと瞬間ごとに意識化し観察するのである。いわば、要素分割主義を意識と時間に適用するのだ。

勿論、ブッダがこの瞑想法を実際に「悟った」そのときにどのように使っていたかは、まったくわからない。ただ、初期の経典には、ブッダの言葉として、この瞑想法の根拠となるような記述がある。一部紹介する。

ここに比丘達よ。比丘は森に行き、あるいは樹のもとに行き、あるいは空屋に行き、脚を組んで坐り、身体を真直にして面前に思念を生起させて坐る。かれは思念をそなえたまま入息し、思念をそなえて出息する。あるいは長く入息しつつ『わたしは長く入息している』と知り、あるいは長く出息しつつ『わたしは長く出息している』と知る。あるいは短く入息しつつ『わたしは短く入息している』と知り、あるいは短く出息しつつ『わたしは短く出息している』と知る。(『中部経典』)

文中の「知る」が「意識化・観察」に当たり、最近の指導書などで「実況中継」「ラベリング」などと説明される。実際、観察は言語化されて確定するのだから、この比喩は妥当だろう。

呼吸に対する観察は、さらに行住坐臥の心身状態全体に拡大されていく。すると、どうなるか。

(前略)あるいはまた、知った分量だけ、記憶した分量だけ『身体はこのようなものである』という思念がかれに現われ起こる。そしてかれは依存せずに住し、世間のなにものをも執取しない。このようにも、比丘達よ。比丘は身体について身体を観察して住する。(同前)

これは要するに、意識化や「観察」は対象との距離を作り出す、ということである(「依存せず」「執取しない」)。

私の経験から言わせると、この方法は坐禅の初期、雑念とか妄想の除去に極めて有効である。つまり、意識化が距離を作り出し、その作用がさらに進むと、雑念や妄想を意識から排出してしまうのである。

しかし、「観察」している限りは、観察主観が存在する。仮に「観察」が「実況中継」や「ラベリング」だとすると、そこには言語機能が作動しているのだから、この「観察」が、通常の言語機能とは決定的に異なる、最終的に「悟り」に至る「別次元」のものだということを証明しない限り、修行方法として無意味である。

にもかかわらず、どの経典にも、「観察」の正当性、すなわち「観察」それ自体がどういう「別次元」にあるかについては、何も言及されていない。すなわち、「観察」が本当に「悟り」に至る方法かどうか、誰にもわからないのである。

もし、それでも「悟り」のための方法だと強弁するなら、すでに「悟った」とされる誰かが、「観察」の効果を保証するしかない。

すると、話は結局、何なのかわからない「悟り」を得た人物が行う「観察」だけが、「悟る」方法として正しいという、自己言及的事態に陥ってしまう。

こうした事態を阻止するためには、それこそブッダ自身が「悟り」そのものが何であるかを語らなければならない。それ無しには、どんな方法も「悟る」方法として正当化できない。

かくして、ブッダが直接「悟り」を語らない代わりに、経典がブッダの言葉として持ち出してくるのが、「解脱すると解脱したと知る」という文句である。

しかしながら、こんな文句をブッダ自身が実際に言うわけもないし、言う必要もない。彼は解脱以前の自分と以後の自分の変化を、事実として強烈に体験したのだろうから、それを称して「解脱した」と宣言すればよいだけである。

この文句が必要なのはブッダ以外の者である。彼らは、修行の結果自身に起きた変化をブッダと同じ「解脱」であると判断する基準を何も持たない。だから、解脱した瞬間に「解脱したと知る」自前の能力（後の「解脱知見」）の存在を、後知恵的に設定せざるを得ないのだ。それ無しに自らの経験を「悟り」として主張できないのである。

そうすると結局、アビダルマ的瞑想においても、それが「悟り」に直結する瞑想と主張されるなら、事実としてはただ純粋に観察するだけの主観（それなりに非日常的な気分になるだろう）が、根拠を欠いたまま、事実上「悟りに到達する別次元的主観」に祀り上げられ、超越的存在として実体視されていることになる。これは、少なくとも私の考えでは、ブッダの立場ではない。

この後、部派仏教に対抗して登場する大乗仏教は、部派の理論が要請するダルマ（「法」：本論では要素のこと）の実体視を批判したが、より根本的な問題は、今述べた通り、分析し観察する主観が無批判的に前提され、結果的に実体化していることである。つまりそれは、認識主観と認識対象を二元的に設定する近代科学と同じフレームの思考になっていて、「無常」「無我」の立場とは相容れない。この矛盾が、般若経典の「空」の思想を必然たらしめたのである。

般若経典の「空」

紀元前後に始まったとされる大乗仏教運動における最大の思想的貢献は、「空」思想の提示であろう。

この「空」の意味を思い切り要約していえば、実体がないものの存在の仕方である。初期の般若経典には、その核心が述べられている。

ブッダはまず、「ものというものは、無学な凡夫《ぼんぷ》、一般人（異生《いしょう》）がそれらに執着しているようなかたちでは、実は実在していない」と言い放ち、弟子にむかって説く。

シャーリプトラよ、存在しないというかたちで存在し、自体として存在していない（つまり知られない）。だから、（その真理を知らないことを）無知（無明）というのである。無学な凡夫、一般人たちはそれらに執着し、存在しないすべてのものを（実在すると）妄想する。彼らはそれらを妄想したうえで（ものは恒常的であるとか断滅するものであるとかの）二つの極端（な見解）にとらわれて、それらのものを（真実には）知らず、見ない。（『八千頌般若経』、以下引用は同じ）

ここで重要なのは、我々が日常何ものかが「存在する」と言うとき、それは「妄想」だと言っていることである。つまり、それは認識や判断、結局は言語の問題なのだ。

すなわち、あるものの「存在」とは、そのものに関わるのではなく、「存在する」という認識、判断に関わる。であるから、「存在する」という認識の「正しさ」は、そう認識し判断する手続きが、どの程度認識する当事者と彼以外の他者に共有されているかによる。

何ものかの「存在」はそれが現実であれ幻想であれ錯覚であれ、それが「存在する」と語られない限り、無意味である。一切誰にも語られることの無いものは「存在」ではない。

ところが、「机がある」と我々が言うとき、「机」という言葉は、目の前のいかなる机も意味していない。「この机」と言っても同じである。なぜか。「机」も「この」も、我々の目の前の、まさにその物体以外にも、いつでもどこでも使える言葉だからである。つまり、すべての言葉は、「いつでも」「どこでも」「同じ」何ものかを意味していて、実は目前のものそれ自体を語っていない。

「いつでも」「どこでも」「同じ」ものとは、まさに「実体」のことである。「現象」としてはまったく個々別々の机という物体を、すべて「机」という一言で理解しているとすれば、この言葉の「意味」は、現象としては多様であっても、それが何であるかを規定する「実体」であると普通は考えるしかない。

ならば、幻想でも錯覚でもなく、現実に「真に存在する」のは、言葉の意味する「実体」以外にない。

このような一般人の「存在」認識を、経典では「妄想」と言っているのだ。

だから、ブッダの弟子、「空」を解すること第一と称されたスブーティは言う。


世尊よ、仏陀というものは名前だけのものにすぎません。菩薩というものは名前だけのものにすぎません。知恵の完成というものも名前だけのものにすぎません。そして、その名前さえも生起し（存在し）ているものではありません。ちょうど、世尊よ、自我、自我といわれますが、世尊よ、自我はまったく生起していません。そのようにすべてのものに本体（自性）がないときに、把握もされず、生起もしていない物質的存在とは何でしょうか。感覚、表象、意欲とは何でしょうか。そして、把握もされず、生起もしていない思惟とは何でしょうか。

要するに、言葉の意味するものに「本体（＝実体）」はなく、それは「生起（存在）している」とは言えないと、彼は語っているのだ。「五蘊」という「要素」も例外なく。

では、言葉の意味とはなにか。それは本論序章でも述べたように、対象ではなく対象との関係の仕方である。「机」は、我々が机として使う、そういう関係の仕方を意味している。であるにもかかわらず、それを「机」と名付け、その関係の仕方（＝意味）が他人と共有され、そう教育されると、あるものが最初から「机」に見える。結果、「机がある」ことになる。これが「妄想」のメカニズムである。

妄想からの離脱と実践、「空」の「実体」化

すると、修行者の課題はこの妄想の解体である。

スブーティよ、すべてのものも本質的に離脱しているのである。そして、スブーティよ、すべてのものの本質的な離脱性というもの、それが知恵の完成にほかならない。それはなぜかというと、スブーティよ、供養されるべき、完全にさとった如来たちは、『すべてのものはつくられたものではない』とさとっているからである。

「つくられたもの」とは、あらゆるものの「存在」が、言語機能による認識から構成されたものとして、我々に現前することを言っている。それからの「離脱」が「悟り」なのだ。

すると、この「悟り」に到達する修行とは、大乗仏教の理想的修行者の、次のような実践になるだろう。ブッダは言う。

スブーティよ、菩薩乗によって修行する人が、もし、過去・未来・現在の諸事物を把握せず、考えず、認識せず、思いはからず、想像せず、見ず、認めないで、しかもこれらの事物をつぎのように考察するとしよう。『すべてのものは思惟の所産であり、生じたものでもなく、滅するものでもない。去ることもなく、来ることもない。ここにいかなるものも生起したこともなく、いかなるものも生起するであろうこともなく、生起することもない。また、いかなるものも消滅したこともなく、いかなるものも消滅するであろうこともなく、消滅することもない』と。このようにそれらのものを考察して、それらの事物の〝ものの本性〟に従って、ありのままに随喜する。

ここで言う「随喜」とは、修行への参加を意味する。とすると、般若経思想における禅定、あるいは瞑想は、まずは「すべてのもの」の「所産」であるところの「思惟」の停止、ということになろう。これが、私が前章において推定した、ブッダの「悟り」としての「無明の発見」に相当する。

さらに、このアイデアを徹底すると、「悟る」ことが不可能になる。「悟る」以上は、悟る「対象」が「存在」する（「悟る」は他動詞）。その「存在」も、「存在」であるからには「妄想」としか言いようがない。

ならば、その「妄想」からの離脱が「悟り」であると言うのだから、「悟った」時に、「悟り」はない。したがって、悟るべき〝ものの本性〟も「実体」の無い妄想である。


スブーティよ、それは、それらのものは本性としては何物でもないからだ。本性といわれるもの、それは無本性であり、無本性なるもの、それが本性である。すべてのものには無特性という、ただ一つの特性があるからである。そういうわけで、スブーティよ、すべてのものは、供養されるべき、完全にさとった如来によってさとられていないのである。


大乗仏教のもう一つの特徴的なアイデアである「慈悲」も、この「無本性」の考え方に基づくであろう。

「慈悲」の核心的意味は、「無明」に沈むすべての衆生を救済しようという、如来や菩薩の意志と行動である。

このとき、仏教の救済は最終的に、衆生が「悟り」「ブッダとなり」「ニルヴァーナに入る」こと以外にない。だとすれば、ブッダにブッダの本性があり、衆生に衆生の本性があっては、そもそも原理的に「成仏」できない。
「無本性」、すなわち「無常」であることこそ、「成仏」に必須の条件なのである。
以上のように「無本性」を考えると、こういう結論が出てくる。

そのとおりである、スブーティよ。まことにそのとおりである。すべてのものも、スブーティよ、ことばでは表現できないのだ。それはなぜか。というのは、スブーティよ、すべてのものの空性なるもの、それはことばで表現できないからである。

「妄想」の正体が言語機能だとするなら、そこから離脱した結果を「ことばで表現できない」のは当然である。

しかし、まさにここに、「空」の「実体」化を招く危険があるのだ。
問題の核心は、「空はことばで表現できない」と、「空」を主語にして言葉で言ってしまっている、ということである。

たとえば、「ことばで表現できないものは空である」「すべては空である」などと、「空」が述語に出てくる場合は、その意味は「実体ではない」「実体を欠いている」という意味になる。
ところが、これを「空はことばで表現できない」「空はすべてである」など、「空」を主語にしてしまうと、「実体ではない」ままに「ことばで表現できない」「すべてである」何ものかとして、理念化してしまうのである。

すると、「空」は「ことばで表現できない」「すべてである」何ものかとして、「万物の根源」のような超越的理念と同様に文脈上で機能するようになる。それが、『華厳経』に現れた考え方である。

大乗仏典のブッダ

大乗仏教はある意味で、ブッダの回復を意図している。

部派仏教においては、ブッダは歴史的人物であったとされるゴータマ・ブッダただ一人である。とすると、直接ブッダと関係できたのは、存命中の初期教団修行者だけである。

次に「直接的」なのは、ブッダが生前語ったとされる言葉を絶対視して研究する専門集団、すなわち部派の出家僧侶集団である。

それ以外の人々、たとえば在家の人々、一般的な信者はブッダから決定的に隔たってしまう。教えは常に出家僧侶に媒介されるしかなく、既成の出家集団の手続きを踏まない限り、悟ることもニルヴァーナに入ることもできない。

ところが、考えてみれば、出家集団の教義も、ゴータマ・ブッダがこの世にいない以上、結局彼らの解釈に過ぎない。ならば、出家集団の教義に疑念を抱く者が、独自の解釈でブッダの「本来の教え」を構想することもできるわけである。

その「本来の教え」の展開の中で、種々のブッダが語られるようになる。そしてこれらのブッダこそ「本来のブッダ」と見做され、そのブッダに修行者や信者は「直接」関係するようになる。『華厳経』の場合、構想されたブッダは、ゴータマ・ブッダの「悟り」そのものを仏身化（あるいは人格化）したものである。ということは、ブッダの「悟り」が超越的な存在として理念化されているのだから、経典で語られる教えも当然理念的になる。つまり、「空」が「実体」化し、超越的な理念に変貌するのである。

『華厳経』は、釈尊（本論では、大乗経典における、歴史的人物ではないゴータマ・ブッダの名称として用いる）が、悟りを開いた直後、毘盧遮那仏（ヴァイロチャナブッダ）と一体化して、その場に集まっていた菩薩たちに対して行った説法という設定で始まる。釈尊の「悟り」の内容それ自体が語られているとされる所以である。

この釈尊が一体化した毘盧遮那仏が『華厳経』の教主であり、こう説かれる。

仏身は法界《ほっかい》に充満し、遍く一切衆生の前に出現する。因縁に従い、衆生の思いに感応して、現れないところはない。しかも、毘盧遮那仏は、常に同じこの菩提の座に坐している。その如来の一々の毛穴の中に一切の仏国土の塵の数ほどの仏が坐していて、菩薩の集いがその回りを囲み、普賢菩薩のすばらしい修行を説いている。如来は菩提の座に安らいだまま、一毛に多くの世界を示現し、一々の毛に自ら出現することも、悉くそのとおりである。（『華厳経』、以下引用は同じ）

「仏身」は毘盧遮那仏を意味し、「法界」はその悟りの世界を言う。すると、この一文は、宇宙論的規模で、全存在世界は毘盧遮那仏を根源として発出していると述べていることになる。すると、その「悟り」の内容の核心には、「空」があるはずだから、「空」が存在の根源である、という意味になるであろう。ここに決定的な「実体」化がある。何ものでもない「空」は、何ものでもあり得る。すなわち、「何ものでもあり得る何か」、言うならば「万物の根源」である。「万物の根源」としての「空」は、それ自体がどう説明されようと（たとえ「実体」ではないといくら説明されようと）、文脈上の機能はウパニシャッドなどインド古代思想でいう「ブラフマン」や、新プラトン主義で呼ばれるプロティノスの「一者」と同じである。すなわち、同じ意味なのだ（言葉の意味とは言葉の使われ方であるから、意味は文脈が決定する）。

全体論的世界観へ

このような実体化した「空」は、どのような世界観を導くか。それは「空」が媒介する全体論的な、円融的世界観である。

大乗仏教以前の「縁起」説は、基本的に時間的な前後関係を持つ「因果」関係である。それが『華厳経』になると、あらゆる存在がそれ自体独立した「実体」としてではなく、相互依存関係にあるものとして捉えられる。すべてが「空」から発する以上、「空」を媒介としてすべてがすべてにつながる。

(弥勒菩薩の住む楼閣は) これ一切の如来のもとに安住する者の住むところである。一劫をもって一切の劫に入れ、一切の劫をもって一劫に入れて、しかもその形相を破壊しない者の住むところである。

(引用者註　以下、国土、存在・現象、衆生、仏、念について、一劫と一切の関係を説く同様の文が繰り返される)

このアイデアは、「空」なる「真理」を根拠として、全存在を肯定することになる。したがって、『華厳経』の説く修行の到達点は、「ニルヴァーナ」ではなく、思想的に空前の規模で展開される「真理」を認識することなのである。あるいは「真理」の認識が「ニルヴァーナ」と解釈されるのだ。

そうなると、我々と「真理」である毘盧遮那仏の関係はどう考えられるか。

すべてが毘盧遮那仏から発出し、この仏に媒介されて全存在が相互関係にあるなら、我々を含めた全存在は、「本質」において、あるいは「実体」として、仏なのだということになる。

このことは、悟りを求める志を起した瞬間、すでに人は悟っている、という思想として現れる。経典中、毘盧遮那仏は法慧菩薩に教えを語らせている。

もし菩薩がこのように(一切は空だと)観察するなら、わずかな工夫で一切諸仏の功徳を得るだろう。もろもろ存在・現象に対して二元的な考え方を起こさなければ、(一切は空だという)道理にかなう。初めて発心するとき即ち無上の悟りを得、一切の存在・現象の本性を知り、智慧による身体を成就し、他によって悟らない。

ということは、要するに、仏は全存在に内在すると言っているわけだ。この事情を、別の菩薩が語る。

仏の子よ、如来の智慧はところとして至らないことはない。なぜかというと、一切の衆生としてつぶさに如来の智慧を持たない者はない。ただ妄想顚倒の執着の故にそれを認識できない。もし妄想を離れれば、一切智、自然智、無礙智はたちまち現前するだろう。

仏の「智慧」が内在するなら、それは「智慧による身体(『慧身』)」を持つ仏が内在するということだ。このアイデアが、後の如来蔵思想・仏性思想の原型となるのである。ということは、論理的にはもはや、「無常」「無我」の認識から導出されるはずの「空」が、本質/現象、実体/仮象の二元論を構成する、形而上学的な超越理念に転換しているわけである。

唯心の思想

「本質」が「智慧」あるいは「智慧による身体」を持つ仏だと言うなら、それは認識の問題であり、結局は心の問題だということになる。

先述したように、般若経典に従うなら、「存在する」とは、何らかの手続きで「存在する」と認識することに他ならない。この論理に、認識主体として実体視された「智慧」を組み込めば、すべての存在は「智慧」、あるいは「智慧」ある「心」から発出する、というアイデアになるだろう。つまり、「存在する」ものの「本性」＝「実体」「本質」は「心」だと、考える。これを「唯心」の思想と称するのである。

心は巧みな画師のように、よく諸々の五蘊を描き、この世界においてすべての存在・現象として、心が造らないものはない。心のように仏もまたそうであり、仏のごとく衆生もまたそうである。心と仏と衆生、この三つには区別が無い。諸仏は『一切は心から出現する』と了解している。もしよくこのように悟るならば、その人は真の仏を観るであろう。

結論。ここにおいて明らかなのは、『華厳経』が唯心論という枠組みで仏教に大規模に形而上学、すなわち「実体」論を持ち込んだということである。

いや、「智慧」や「心」には「実体」などない。それ自体が「空」なのだからと、過去に多くの仏教書は言ってきた。

繰り返すが問題はそうではない。存在の根拠として持ち出され語られるなら、どう説明されようと、それは「実体」である。この語られ方が問題の核心だと自覚することこそ、実は「空」の思想なのだ。

参考文献：『原始仏典』『原始仏典Ⅱ』（以上、春秋社）、『大乗仏典1　般若部経典』『大乗仏典2　八千頌般若経Ⅰ』『大乗仏典3　八千頌般若経Ⅱ』（以上、中公文庫）、『口語全訳華厳経』（国書刊行会）を筆者修正

第三章　法華経、浄土経典、密教経典の思想

通説に従えば、大乗仏教の経典のうち、紀元前後から現れてきたのが「般若経典」であり、やや遅れて「華厳経典」と『法華経』(『妙法蓮華経』)さらに「浄土経典」が、ほぼ時期を同じくして作られただろうとされる。

般若経典以外のこれら主な大乗経典の特色は、無常・無我・縁起のアイデアとは異質な、超越的存在や理念を導入した思考パターン、すなわち一神教的な、あるいはブラフマニズム的なパラダイム(思想的な枠組み)を持つことである。

まず取り上げる『法華経』は、時に「諸経の王」などと称されるが、それにしては「般若経典」のような空前絶後の理論を展開するわけでもなく、「華厳経典」のように、前代未聞の壮大な世界観(というより宇宙観)を開陳するわけでもない。

にもかかわらず、大乗仏教においてこの経典が比類ない地位を占め続けてきた理由はなにか。

「絶対」の主張

この経典の最大のテーマは、ブッダとその教えの「絶対性」それ自体を主張することである。経典そのものには特にオリジナルなアイデアはない。無常・無我・縁起の教説に新たな展開を与えるわけでもない。そうではなくて、そのような大乗の教えの「絶対的」正しさを保証することが目的なのだ。

「絶対性」は二様に説かれる。「普遍性」と「永遠性」である。これを説くためにあらゆる方法を動員するのが『法華経』なのだ。その結果、「絶対」的であるが故に、「唯一究極」の経典と主張されることになる。

ということは、この経典は極めてイデオロギッシュな性格のものであり、経典の言葉や物としての経典自体が、「絶対の真理」を体現する「超越的存在」と受け取られ、信仰の対象になりやすい。つまり、「一神教」と共通するパラダイムを持つということである。

『法華経』において、「普遍性」の意味は、誰でも（出家であろうと在家であろうと）「真理を悟って成仏できる」ということであり、「永遠性」とは、ブッダとその教えは、歴史的実存としてのゴータマ・ブッダと彼の教えを超越して（上座部の教義とは相容れない）、無限の過去から未来へと存在し続けていると考えることである。

かくして、このような「絶対性」を主張して、なおかつそれを保証する教えは、数ある経典の中で、唯一究極のものだ（それまでの上座部・他の大乗経典の教義を超える）と説かれるわけである。

ところで、「絶対性」、すなわち「普遍性」「永遠性」「唯一性」は、人間に理解可能な言語で表現されたり証明されることが、原理的にない（それができたら「絶対」ではない）。

したがって、「一神教」はしばしば「奇跡」のエピソードを持ち出して、それを「証明」しようとする。この「奇跡」話の役割を、『法華経』では数々の「比喩」話が担う。理解しがたい「絶対性」を喩え話で「説得」しようとするのである。

『法華経』の「唯一性」は、たとえば次のように説かれる。

如来がこの世に出現する目的となった、如来の唯ひとつの偉大な目的、唯ひとつの偉大な仕事とは、一体何であろうか。それは如来の智慧を発揮して人々を鼓舞するためであって、そのために如来はこの世に出現するのである。如来の智慧の発揮を人々に示すためであり、またそれを人々に理解させ、分からせるためであり、また如来が智慧を発揮するに至るまでの道程を人々に理解させるために、世尊はこの世に出現するのだ。（中略）余は唯ひとつの乗物について、それが仏の乗物であると、教えを示すのだ。しかも、第二あるいは第三の乗物は、全くないのである。（『法華経』「方便品《ほうべんぼん》」）

この経典には、如来の「智慧」が具体的に何であるかは説かれていない。説かれているのはその「智慧」に至る唯一究極の手段＝「乗物」である。

これを示す有名な比喩が「火宅《かたく》」の比喩なのだ。

ある富豪の邸宅が火事になる。彼の子供たちはその火事を知らずに、一向に避難しようとしない。

そこで富豪は子供が前から欲しがっていた玩具として、羊の車、鹿の車、牛の車を門外に用意したと告げる。それを聞いた子供たちが喜んで出て来ると、富豪が実際に与えたのは三つの車ではなく、もっと立派な真っ白な牛が牽《ひ》く車だった。

この比喩で、羊と鹿の車とは、それぞれ上座部の修行者（僧団で共同生活する者と、山林などで単独で修行する者）にとっての教えと『法華経』以外の大乗経典による修行者にとっての教えを意味する。

富豪が実際に与えた立派な牛車《ぎっしゃ》が『法華経』の教えであり、それ以前・以外の教えは、修行者の機根《きこん》に応じて一時的に説いた教えにすぎず、『法華経』こそがその全てを包括し凌駕して、釈尊の「真意」を示す最高の教えだと言いたいのである。

この言い方は、当然ながら「以前・以外」の教えによって修行していた者には受け入れがたい。『法華経』はそれを予想していて、釈尊がその教えを説く前に、それを信じない修行者達が、説法の場を退席する場面が出て来る。

「普遍性」の保証としての「授記」

誰であろうと「さとって成仏する」ことができると保証するのが、「成仏」の予言としての「授記（あるいは受記）」というアイデアである。

『法華経』中の「譬喩品《ひゆほん》」「授記品」「五百弟子受記品」「授学・無学人記品」で、釈尊はまず筆頭の弟子とされる舎利弗《しゃりほつ》・摩訶迦葉《まかかしょう》をはじめとして、出家僧侶たちに、彼らが将来多くの仏の下で修行を完成させ、ついには「完全に『さとり』に到達した阿羅漢である如来となって、この世に生まれるであろう」と予言する。

さらに、在家信者に対してこう予言する。

いかなる良家の息子たちであれ娘たちであれ、この経説から僅かに一詩頌でも心に留めたり、あるいは有難く思ったりする人たちはすべて、この上なく完全な「さとり」に到達するであろうと、余は予言する。（中略）この経説から僅かに四詩節の一詩頌を心に留め、人に聴かせ、人に教え示し、この経説を尊重する良家の息子あるいは娘は、未来においては、完全に「さとり」に到達して世の尊敬を受けるに値いする如来となるであろう、と。（『法華経』「法師品」）

これは要するに、この経典に誰をもさとらせ成仏させる力があるという意味である（経文中

「良家の」とあるのは、初期仏教への実際の帰依者が社会的に上層に属する人々だったことの反映であろう)。したがって、経典そのものにお供え物をして礼拝したり礼讃しただけでも、「この上なく完全な『さとり』に到達」した人とされるわけである。すなわち、経典自体への帰依が、「成仏」を保証するのだ。

このような予言は、従来の教説や修行法を無意味にする以上、激しい反発を招くに違いなく、容易に「信じ難い」教えであると受け取られるであろう。

「永遠性」と見せかけの「死」

『法華経』の決定的転回は、上座部が教説の前提とする歴史的実存としてのゴータマ・ブッダを、超越的理念的存在に転換して、修行者や信者に開放したことである。つまり、ゴータマ・ブッダの死(=ニルヴァーナ)後、パーリ経典の独占的解釈によって、上座部僧団に囲い込まれていたブッダとの関係性を、『法華経』への帰依という新たな方法で回復したのだ。

したがって、歴史的実存としてのゴータマ・ブッダの「死」は、見せかけの、仮の「死」に過ぎないと解釈され、実は永遠の過去から未来へと、無限の寿命を持って実在し続けているとされるのである。

いずれにせよ、久しい以前に「さとり」に到達した如来は、無限の寿命の長さをもち、常に存在するのだ。如来は入滅することなく、教え導くために完全な「さとり」の境地を示すのだ。

（『法華経』「如来寿量品」）

ではなぜ、見せかけの「死」を演出したのか。それは、ブッダがいつまでもこの世にいると思うと、人々は油断して修行や帰依の志を起さなくなるからだ、と言う。比喩の話がある。

高名な医者に多くの子供があったが、彼らが誤って毒を飲んでしまい、父に助けを求める。父は見かけも味もよい効き目のある薬を調合するが、毒にあたって判断力が鈍った子供たちには、それがよい薬に見えない。飲もうとしない彼らを見た父は一計を案じ、子供たちを置き去りにしたまま旅に出て、旅先で死んだことにする。

父が旅先で死んだと知らされた子供たちは、その衝撃で毒の迷妄から覚め、父の薬を飲んで、病は癒える。そこに父が帰宅して、死の知らせが虚報だったとわかるのである。

医者が釈尊、子供が衆生、薬が教えの喩えであることは自明だろう。

以上の「唯一性」「普遍性」「永遠性」の主張が、『法華経』以外の教説の信奉者の反発を呼び、時として迫害さえ招きかねないのは見やすい道理である。したがって、この経典には迫害に耐えて『法華経』を信仰し布教する修行者のモデルが登場する。

「法師」と「常不軽菩薩」

モデルの一つである「法師」とは、『法華経』に帰依し、布教の使命を帯びた修行者である。

このような良家の息子や娘はこの上なく完全な「さとり」に到達した人と知るべきであり、また世間の人々を憐れんで、この経説を説き明かすために、前世における誓願の力によって、この閻浮提《えんぶだい》において人間のあいだに出現した、如来さながらの人であると知るべきである。
（『法華経』「法師品」）

つまり、「法師」とは布教のために あえて我々のすむこの世（閻浮提）に自ら望んで生まれて来た「如来の使者」なのである。なぜそうまで言われるのか。それは、『法華経』信者は批判され迫害される可能性が高い以上、それを布教する意志を鼓舞しなければならないからである。

世尊よ、憂慮めさるな。あなたが入滅されたあとの非常に怖ろしい時世に、そのときわれらはこの最高の経典を宣揚しましょう。そしり罵り、おびやかし、また棒を振り上げるのを、愚かな輩のあらゆる迫害を、指導者よ、われらは堪え忍ぶでありましょう。（『法華経』「勧持品」）

この「法師」がさらに先鋭化した独特のモデルが、「常不軽菩薩《じょうふきょう》」である。この「求法者」は誰であれ会う人ごとに近づいてこう言う。

紳士諸君よ、わたしはあなたがたを軽蔑しません。（中略）あなたがたは、みな、求法者の修行をしたまえ。そうなさるならば、あなたがたは完全な「さとり」に到達した阿羅漢の如来になられるでしょう。（『法華経』「常不軽菩薩品」）

この「常不軽菩薩」の示す無差別の敬意は、誰であれ成仏の可能性があるという釈尊の「授記」が根拠であろう。つまり、『法華経』の「絶対性」が必然とする修行者モデルなのだ。しかし、この態度は、『法華経』と無縁な人々にとっては、極めて唐突で不可解かつ無遠慮にしか受け取られない。したがって、

彼に声をかけられた者は、みな怒って、彼に悪意をもっただけでなく、不快の意をあらわして罵り、悪口を言った。（『法華経』「常不軽菩薩品」）

これら「法師」「常不軽菩薩」は、聖書の預言者やイエス・キリストの姿を髣髴とさせるだろう。「唯一性」「普遍性」「永遠性」、すなわち「絶対性」を主張する教説は、同じようなタイプの実践者を要求するということなのである。

救済思想の導入

仏教の実践の原則は、「凡夫が修行して成仏する」というパターンである。これに対して一神教の実践は、「祈り」を通じて無条件に絶対者を信仰し、それによって「救済」されるというスタイルをとる。

仏教にはこの「救済」がない。「救済」に見える行為は、実際には「成仏」の強力なサポートである。『法華経』を信じる者は誰でも成仏できるという「授記」は、まさにそのようなサポート例と言えるだろう。

ところが、「浄土経典」の思想は、最後の一線（「成仏」のアイデア）はかろうじて残すものの、単なるサポートを超え、ほとんど「最後の審判無き一神教」の様相を呈している。

大方がご存知のように、「浄土経典」のパラダイムは、「極楽浄土」という世界を主宰する現存の「阿弥陀如来」が、教えを信じて浄土に生まれたい（往生）と願う衆生を招き入れ、人間世界の苦境の中では実践困難な修行の便宜を図って、最終的に浄土で成仏させる、というものである。

『阿弥陀経』によると「極楽浄土」とは、

実に、かの〈幸あるところ〉という世界には、生ける者どもの身体の苦しみもないし、心の苦しみもない。ただ、測り知れない安楽の原因が無量にあるばかりなのだ。それ故に、かの世界は、〈幸あるところ〉と言われるのだ。（『阿弥陀経』）

さらに経典はその〈幸あるところ〉＝「極楽浄土」の荘厳さと快適さを詳細に描写するが、で

はそこに生まれた（往生した）者はといえば、

無量寿如来（引用者註　阿弥陀如来）の仏国土に生まれた生ける者どもは、清らかな求道者であり、（覚りを求める心がまえから）退くことのない者であり、〈なお一つの生涯だけ迷いの世に繋がれた者〉なのである。（同前）

この場合、「（覚りを求める心がまえから）退くことのない者」（不退）、「なお一つの生涯だけ迷いの世に繋がれた者」（一生補処《いっしょうふしょ》）とは、将来の成仏が確定している者のことである。すると、往生と成仏の差異はほとんど無意味になるだろう。つまり、事実上、阿弥陀仏による「救済」を説くことと同然になるのである。では、そのような往生はいかにして可能になるのか。

救済を可能にする「誓願（本願）」

「極楽浄土」以外の世界に住む衆生が往生する方法を示すのが、『無量寿経《むりょうじゅきょう》』における次の引用文である。

世尊よ。もしも、わたくしが覚りを得た後に、無量・無数の仏国土にいる生ける者どもが、わたくしの名を聞き、その仏国土に生まれたいという心をおこし、いろいろな善根がそのために熟するようにふり向けたとして、そのかれらが、――無間業の罪を犯した者どもと、正法（正しい教え）を誹謗するという（煩悩の）障碍に蔽われている者どもとを除いて――たとえ、心をおこすことが十返に過ぎなかったとしても、〔それによって〕その仏国土に生まれないようなことがあるようであったら、その間はわたくしは、〈この上ない正しい覚り〉を現に覚ることがありませんように。

この一節の特異性は、文中の「わたくし」が阿弥陀如来の前身、すなわち成仏前の修行者である法蔵菩薩の誓願の形式をとっていることである。

この菩薩は、その後覚って阿弥陀如来になっている。ということは、この誓願はすでに実現しているわけである。とすると、「その仏国土（極楽浄土）に生まれたいという心」を衆生が十返起しさえすれば、彼の往生は確定することになる。

このような「救済」の方法は、いわば阿弥陀如来からの一方的な働きかけなのであり、極めて「恩寵」的である。無間業を犯した者や謗法《ほうぼう》者を除いて、この一節をそのまま読めば、十返心を起す衆生が、善人であるか悪人であるかを問うていない。つまり、如来による「審判」のない「救済」なのである。

これは事実上、仏教の修行概念の大きな切り下げであり、「往生」を決定する行為は、誓願にあるとおり心を十返起すかどうかにかかる。さらに言えば、誓願の言葉を信じるかどうかである。

このとき、『法華経』の「授記」と『無量寿経』の「誓願」を比較した場合の、「信」の強度の違いを指摘しておかねばならない。「成仏」の予言である「授記」の場合、予言を信じるだけで成仏するわけではない。「授記」があった上で一定の実践がない限り、「成仏」は実現しないのである。

これに対して「誓願」は、「十返心を起す」という極めて簡単な行為（易行《いぎょう》）に実践を切り下げる。すると、核心的な問題となるのは、その行為だけで「往生」が確定するという論理を信じるか否かに極まる。

さらに、一神教の「信」と比較すると、「審判」が「信」の強度を維持する圧力になるのに対して、それ抜きで強度をどう担保するかということが、「誓願」のケースでは常に問われるだろう。

すなわち、「誓願」理論では、「信」それ自体の在り様、その強度や純粋性が鋭く意識されざるをえない。それが後に中国浄土教や法然・親鸞の思想において主題化するのだ。

『無量寿経』における「信」への言及は以下に見られる。

アジタよ。他の諸々の仏国土に住んでいた求道者たちが、〈幸あるところ〉という世界に生まれることに疑いを生じ、この思いを持ったままでいろいろな善根を植えたりしたときに、かれらのために、かしこに、蕚《がく》の住所があるのだ。（中略）アジタよ。智慧の微弱と、智慧の相違と智慧の衰退と、智慧の狭小とを見よ。（また、）実にその場合には、このように五百歳の間、仏を見ることや、求道者を見ることや、法を聞くことや、法をともに語ることも絶えて行われなくなる。善根を実行することから退堕し、一切の善根を成就することも絶えて行われなくなる。それは疑いに陥った者どもが想念を起し心をとどめるからである。(『無量寿経』)

「蕚の住所」とは、信じることができず疑いを持ったまま善根を積んで極楽浄土に往生しても、蓮華の花の上ではなく、蕚の中にとどまってしまうという意味である。

また、続く一節は、智慧の崩壊状態が善行を不可能にすると言い、その原因を疑いだとする。これは、浄土において成仏しようという経典の主旨からして、致命的な障害であろう。「信」が決定的に重要な要件である所以だ。

「救済」の普遍性と念仏

「浄土経典」において、「本願」が「往生」の要件として要請する「心を起す」行為(念仏)に、称名《しょうみょう》(「南無阿弥陀仏」と称《とな》える行為)を持ち出したのは『観無量寿経』である。この経典は漢訳しか存在せず、中国で成立した偽経ではないかという説もある。

経典は特異な設定で始まる。古代インドのマガダ国の王アジャータシャトルは、ゴータマ・ブッダの従兄弟といわれるデーヴァダッタに唆されて父母を幽閉し、父を餓死させてしまう。母は息子の仕打ちを悲嘆し、ブッダにその苦悩の解決を訴える。それに応じて説かれたのが、この『観無量寿経』である。

このとき、釈尊が往生の方法として最初に説いたのは、浄土を観想する行為としての念仏である。称名としての念仏は、往生を望む衆生を機根にしたがって九段階に分け、その最低の者（下《げ》品下生《ぼんげしょう》）が往生する方法として出て来る。

「下品下生」の者とは、仏教徒としては最悪の罪となる五逆《ごぎゃく》を犯すような人間で、『無量寿経』で往生から排除されている無間業を犯した者に当たる。彼はいよいよ臨終の時、苦しみに迫られて浄土の観想などできない。

そこで指導者が言うのに、『お前がもし仏を念ずることができないのなら、無量寿仏よ、と称えなさい。』と。このようにしてこの者は心から声を絶やさぬようにし、十念を具えて、南無アミタ仏と称える。（『観無量寿経』）

その結果、彼はすべての罪を免れ、「一瞬のうちに〈幸あるところ〉という世界に生まれる」とされる。すなわち、この称名の念仏において、「救済」の普遍性は徹底するのである。ならば、「往生」の実践が称名に収斂していくのは当たり前の成り行きだろう。

ここにおいて、普遍的な救済力を持つ超越的存在が、仏教の中に立ち現われるのである。

超越の実存化、あるいは超越としての実存

インドにおける大乗仏教の掉尾となるのが、密教である。七世紀頃、ヒンドゥー教の勃興に対抗して成立したと言われている。問題は、その対抗の方法が、ヒンドゥー教の源流たるヴェーダ聖典の思想的パラダイムの利用だったことである。

簡単に説明すると、ヴェーダ思想（主にウパニシャッド）の核心は、宇宙における超越的原理的存在たるブラフマンと、「自己」存在の内在的根拠であるアートマンの一致（梵我一如《ぼんがいちにょ》）を究極の目的とすることである。

密教は、この仏教以前のアイデアを、実は仏教において「それまでは隠されていた」最重要の、真実の教えとして、大日如来と修行者との一致にデザインし直したものなのだ。したがって、密教は思想的パラダイムがまるで仏教とは違うのである。

密教の代表的経典である『大日経《だいにちきょう》』や『金剛頂経《こんごうちょうぎょう》』では、そもそも教主が釈尊ではなく、大日如来（毘盧遮那如来）である。『大日経』では、この如来が説くのは、

所謂《いわゆる》三時を越えたる如来の日、加持の故に、身語意平等句の法門なり。（『大日経』「住心品」）

とされる。『金剛頂経』では、大日如来を「大悲毘盧遮那、常恒に三世に住せる一切の身口心の金剛の如来」と言う。

つまり、ここでは、超越的存在である大日如来の身体（身）・言語（語／口）・精神（意／心）が主題として提示され、この三つの「法門」を通じて、修行者の「自己」（＝アートマン）を如

来と一致させ、この「一致」を以て「成仏」と考えようというのである。

その「一致」とは、実質的には、如来の「一切智智」（絶対智）を獲得することである。その「一切智智」は、

菩提心を因と為し、悲を根本と為し、方便を究竟と為す。（『大日経』「住心品」）

それはさとり（菩提）を求める心を原因とし、その修行は利他の志（悲）を力（根本）として、最終的に他者に作用する慈悲（方便）となって発動されるというわけである。

では、その菩提とは何かといえば、「実の如く自心を知る」ということであり、この「自心」にこそ、「菩提及び一切智とを尋求《じんぐ》」しなければならない。なぜなら、「自心」の「本性清浄なるが故に」である。かくして、「自心」は超越的存在として語られる。

とはいえ、『大日経』では、「自心」を実体視することを極力諫めている。

心は内に在らず、外に在らず、及び両中間にも心は不可得なり。（中略）心は眼界に住せず、耳・鼻・舌・身・意界にも住せず。見に非ず、顕現に非ざるなり。何以故《なんとなれば》、虚空相の心は諸もろの分別と無分別とを離れたり。所以《いか》は何んとなれば、性、虚空に同なれば、即ち心に同なり。性、心に同なれば、即ち菩提に同なり。（『大日経』「住心品」）

文中「性」は諸存在の本性・本質の意味である。文中の「心」に限らず、アートマン的実体（「我」）を想定する考え方への批判も、経典では明確に論じられている。

しかしながら、問題は「心」の解釈ではない。どう解釈しようと、言葉の意味が文脈から規定されるものである以上、「心」が如来の「一切智智」との関連で語られる限り、いわば存在論的に特権的地位を与えられ、結果的に実体（＝存在の超越的根拠）化せざるをえない。

密教に限らず、仏教における「心」の扱いには注意すべきである。

無常・無我・縁起の考え方の本領は、存在するものそれ自体を根拠づけるような「実体」の否定である。

すると、根拠がないのに存在しているように見えるのはどうしてかが、当然問われる。そこで、存在を認識する「心」が、その根拠として持ち出され、結果的に実体視されて語られることになるのだ（『華厳経』的展開）。

「一致」の実践と言語

「自心」における「一切智智」の追求は、先述したとおり、身体・言語・精神における如来との一致が究極である。

まず、身体については、両手で様々なジェスチャー（印契《いんげい》）を行うことによって、如来の教説を象徴的に身体化する。

言語についてては、ヴェーダ聖典などの神々に働きかける賛歌や呪文を導入して、これを如来が語る真理の言葉（真言《しんごん》）として捉え直す。そして、この言葉を称えることで、如来の思考に同化する。

精神についてては、本尊を観想することで如来のさとりの境地に入る。有名なものは阿字観だが、これは『大日経』にはなく、観想の具体的な方法は示されていない（『金剛頂経』には、「五相成《ごそうじょう》身観《しんかん》」と呼ばれる五段階の方法が説かれる）。

これらの実践（三密加持）による一致が実現すれば、そこに如来の究極的境地と世界観が直接的に現前し、これが曼荼羅として図像化されるのである。

つまり、これらの実践は超越的存在者である如来が実存する修行者と一致し、その実存に顕現する、というストーリーになっているのである。

本論において特に注目しておきたいのは言葉、「真言」である。経典にはこうある。

此の真言の相は一切の諸仏の所作に非ず。他をして作さしめず、亦た随喜せず。何以故《なんとなれば》、是の諸法は法として是くの如くなるを以っての故に。若しは諸もろの如来出でたまわざるにもあれ、諸法は法爾《ほうに》として是くの如く住す。謂わく諸もろの真言は真言として法爾なるが故に。

（『大日経』「入漫荼羅具縁真言品第二之余」）

つまり、真言の存在は、如来が作り出したものでも、誰かに作らせたものでもなく、制作に参画(「随喜」)したわけでもない。それは、それ自体としてあるべきようにある(「法爾」)、というのである。

この考え方は、言語が単なる記号ではなく、それ自体が実体的な力を持つことを主張している。人間が言語によって構造化された「現実」に拘束されている事実を考えると、突飛な発想ではない。

これに対して、無常・無我・空のアイデアは、この言語の拘束力は錯覚(「無明」)だとするだろう。

だが、超越的存在や理念を想定する考え方からすれば、言語機能が起こす「錯覚」は、実存を規定する「真理」でなければならない。すなわち、『法華経』経典それ自体への信仰、『観無量寿経』に見られる「南無阿弥陀仏」の称名、密教の説く真言は、超越的存在を引き込んだ思想の、言語に対する戦略的態度として、必然なのである。

参考文献:『法華経』『浄土三部経 上/無量寿経、下/観無量寿経・阿弥陀経』(以上、岩波文庫)、『新国訳大蔵経 密教部1 大日経』『新国訳大蔵経 密教部4 金剛頂経他』(以上、大蔵出版)

第四章　竜樹と無着・世親の思想

ブッダ以来の無常・無我・無記・縁起、そして般若経典で大規模に論じられた空のアイデアを、まさに言語の問題として捉え返し、仏教の思想的射程と視野を、現代思想の問題領域に及ぶほど決定的に拡大して、革命と呼びうる質的飛躍を可能としたのが、大乗仏教最大の思想家と目される、竜樹（ナーガールジュナ・二〜三世紀頃）である。

彼は、存在論的な実体概念や形而上学的な超越理念が、言語の本来的な機能に由来することを看破し、徹底的な言語批判をもって、空の思想を理論化した。そのオリジナリティとラジカリズムは、他に類例を見ない。

彼に続いて現れた無着《むじゃく》（アサンガ・四〜五世紀頃）・世親《せしん》（ヴァスバンドゥ・五世紀頃）の思想は、その竜樹の批判する言語機能が実際に「凡夫」の見る「世界」を構成するメカニズムを、存在論を認識論に吸収するというアイデアで提示した（「唯識」思想）。

けだし、仏教思想史上、ブッダ以後に、発案者の個人名を挙げられるものの内で、彼ら三人を超える強度のインパクトを持つ言説は、今のところ無い。

無記と空の論理

釈尊の説いた「無常」「無我」「空」の教説、すなわち常に・不変で・それ自体で存在する「実体」の否定を、竜樹は言語批判という、上座部の要素分割主義的理解とは別次元の手法を用いて、徹底的に行った。

何事によらず、「無い」ことを証明することはできない。アリバイ（現場不在証明）が、同じ時刻に別の場所に「いた」ことの証明によって行われる所以である。

つまり、「無い」ことは、「ある」ことを原理的に証明できないと示すか、「ある」と判断すると矛盾が生じることを指摘して、論証する以外にない。

たとえば、過去・現在・未来を貫通する「自己」それ自体は、昨日の自己と今日の自己と明日の自己の同一性を原理的に証明できない（昨日の自己はすでに無く、明日の自己はまだいない）以上、存在するとは言えない。また、それが「存在する」と言うなら、その判断はいつ、どこで、誰がしたのかという問いが解決しない矛盾として残る。

しかし、この言い方は、あくまで「あるとは言えない」と主張しているにすぎない。「無い」ことの論証ではない。ということはつまり、およそ「無い」ことの主張は、「あるとも言えず、無いとも言えない」という、有無の判断をもろともに無効化する方法で行うしかない。これが釈尊の提示した「無記」（判断停止）の論理である。

釈尊は「無記」を、世界の有限性や如来滅後の存否など、形而上学的な問いに対して適用したが、竜樹はこれを人間の認識一般に拡張した。なぜそれが可能なのか。

我々において、認識は基本的に言語によって行われる以外にない。この言語がそもそも形而上学的に作動するのである。

たとえば、「私の目の前のこの机」という言葉は、実際には、我々の具体的な経験対象である、いかなる特定の個物も言い表していない。なぜなら、「私」も「目の前」も「この」も「机」も、別の時・別の場所・別のものに対して使えるからである。すなわち、言葉の意味は、それが意味する対象それ自体ではなく、対象との関係の仕方しか表していないのである。

言葉の意味が持つ、この超時間性・超空間性・超経験性、すなわち形而上学的超越性ゆえに、「無記」は認識一般に拡張できるのだ。

我々が「机がある」「机が無い」と言うとき、そもそも「ある」「無い」を判断する対象である「机」そのものはあるのか。つまり、個々の現象（経験的対象）としての机の有無とは別の、「机」それ自体はあるのか、無いのか。

「実体」肯定論者なら、「ある」と言うし、仏教者なら「無記」をもって答える。間違えてはいけないのは、仏教者は「無い」とは答えないということである。もし「無い」と断定すれば、「無い」と否定する対象の存在を前提にしなければならないからである（はじめから無いものを

「無い」と言うことはできない）。

この「ある」「無い」の判断以前の「存在」を必然的に前提させるのが、言語の持つ形而上学的超越性であり「実体」性なのである。

言語と形而上学の解体

したがって、我々が使用する言語が、「正しく」世界を認識していると考えるには、文字や音声による言葉の意味するものが、個々の事物や現象の在り方を規定する「実体」や「本質」なのだと断定しなければならない。そして、そのような言語の使用、つまり認識には、その「正しさ」を保証する根拠がある、ということになるだろう。するとこれは、一方に「実体」的対象世界があり、他方にそれ自体で成立している認識主体がある、という形而上学的二元論のアイデアになる（上座部や近代科学の基本的な世界認識）。

竜樹はこのパラダイムを根源的な言語批判で撤廃するのである。

以下、私が考える重要な言語批判を、彼の主著『中論』から抜粋する。まず、因果関係について。

事物が無いときにも、有るときにも、縁は妥当しない。〔なぜならば、事物が無いときは〕、無である何ものにとっての縁なのであろうか。また、〔事物がすでに有るときには、その〕有

るものにおいて、〔あらたに〕縁をもって、何を〔為すの〕か。（いまさら縁は必要としない）
（『中論』「縁の考察」と名づけられる第一章）

引用文によると、因果関係が「実体」として存在し、それがこの世界の在り方を規定する原理だと考えると、矛盾が生じる。
「結果」として規定される「事物」が、「結果」それ自体として存在するなら、もう「原因」（引用文中の「縁」）は不要である。「結果」とされる「事物」が無いなら、そもそも「原因」（「因」）は「原因」にならない。

つまり、因果関係は人間の思考が必要とする道具にすぎないと、この文章は言っているのである。このとき、使用されない道具は道具ではない。道具それ自体は存在しない。

次に、主体と作用の関係。

現に去りつつある〔もの〕（去時）に、実に、どうして、去るはたらき〔去法〕が成り立ち得るであろうか。現に去りつつある〔もの〕に、二つの去るはたらきは、成り立たないからである。〔第三偈〕

まず第一に、去る主体は去らない。〔つぎに〕、去らない主体も決して去らない。去る主体と去らない主体とからは異なった、どのような第三者が、実に、去るのであろうか。〔第八偈〕
（『中論』「去ることと来ることとの考察」と名づけられる第二章）

この理屈は、「彼は歩いている」という、普通は誰も疑わない対象認識を、真っ向から否定する。すなわち、彼はいま歩いている以上、すでに「歩いている彼」である。その彼がさらに「歩く」ことはありえない。だから、歩く彼は歩かない。そして、歩かない彼は当然歩かない。歩く彼でもなく、歩かない彼でもないなら、いったい誰が、歩くのか。

最後の一文は、行為から切り離された主体それ自体の存在を否定する。つまり、言語がそう錯覚させるように、主体それ自体、行為それ自体が実在し、その連結で世界が運動しているわけではない、と主張しているのだ。それは、我々の有る・無いの判断以前に、何ものかの「存在」（=「実体」）を想定する誤解を衝くという、「無記」の考え方に直結する。

続いて「実体（本質）」と「属性（現象）」の関係について。

何であろうとも、特質の無い「存在（もの・こと）」は、どのようなものも、どのようにしても、決して存在しない。特質の無い「存在（もの・こと）」が存在していないときに、どうして、特質が現われ出るであろうか。（『中論』「要素（界）の考察」と名づけられる第五章）

「特質」とは我々に認識可能な「属性」や「現象」のことである。とすると、「特質の無い『存在』」とは、個々の形相や性質などの「特質」を超越する「実体」や「本質」の謂いであろう。ならば、引用文の意味は、認識可能ないかなる「属性」とも「現象」とも区別された「実体」

は存在しない、ということである。さらに言えば、いかにしても認識できないものを「存在する」と言ってはいけないと主張するのだ。

「実体」が無いなら、ある存在を「属性」や「現象」と規定する根拠もない。とすると、そもそも、実体―属性、本質―現象という認識の枠組み自体が虚構だということになる。

さらに、同一性と差異性について。

もしも「およそ薪はすなわち火である」というならば、行為主体と行為（業）とは同一である、ということになるであろう。またもしも「およそ火は薪とは異なって別である」というならば、〔火は〕薪を離れても、存在することになるであろう。（『中論』「火と薪との考察」と名づけられる第十章）

「薪が燃えている」と言い表される事実において、薪と火が同一ならば、薪は常に燃えていなければならない。薪と火が異なって別ならば、薪は決して燃えず、火は消えることなく燃え続けることになる。

不合理が起こるのは、燃えている事実を、言語によって「薪」と「火」と「燃えている」という概念に分割して実体視した上で、それらの結合で事実を把握しようとするからである。

結合が成り立つためには、事物に差異がなければならず、それと同時に同一になれなければならない。この矛盾が、言語の作用において不可避なのである。

さらにこの章には、依存関係について注目すべき見解が表明されている。〔Bに〕依存して「存在（もの・こと）」〔A〕が成立しており、その〔Aに〕依存して〔Bが〕成立している〔場合に〕、もしも依存されるべきものが〔先に〕成立するのであるならば、〔AとBとの〕どちらがどちらに依存して〔成立するのであろう〕か。

竜樹の縁起説は、時に相互依存関係（AあるがゆえにB、BあるがゆえにA）の意味に解釈されるが、この一節をみれば、事がそれほど単純でないことは一目瞭然である。普通に理解される相互依存関係は、まずAとBがあって、しかる後に両者間に依存関係が成立していると考えられている。つまり、AとBはあらかじめそれ自体で存在してしまっているのだ（つまり実体視）。竜樹の一節はその錯誤を指摘しているのである。

よく聞く竜樹の縁起説の俗流解説に、「親あっての子、子あっての親」とか、「夫あっての妻、妻あっての夫」という例が持ち出されるが、「親」「子」「夫」「妻」がそれ自体まずあって、その間に「関係」が連結するわけではない。出産と養育という行為と事実、あるいは性的関係を基盤とする共同生活の開始、そのような行為や出来事がまず生起（関係の発生）して、そこから「親」「子」「夫」「妻」という実存が生成されてくるのである。

言語という無明と実存の構造

ざっとこれだけを見てきても、『中論』が、言語の機能と言語が引き起こす実体視という錯覚を、我々の実存における根源的な問題と捉えていることは明白である。

業と煩悩とが滅すれば、解脱が〔ある〕。業と煩悩とは、分析的思考（分別）から〔起こる〕。それら〔分析的思考〕は戯論《けろん》（想定された論議）から〔起こる〕。しかし、戯論は空性（空であること）において滅せられる。（『中論』「アートマン（我、主体）の考察」と名づけられる第十八章）

「分析的思考」とは言語の根本機能であり、「戯論」とは「実体」を想定し前提とする議論のことである。とすると、この一節は、「業」として成り立つ苦的実存を規定し、「煩悩」の根源となるものを、言語だと結論していることになる。すなわち、言語こそが「無明」なのだ。

そうだとすると、先に因果関係の実体視を批判しながら、『中論』終盤の第二十六章で十二支縁起が急に持ち出されてくる意味がわかる。

十二支縁起（無明―行―識―名色―六入―触―受―愛―取―有―生―老死）は初期仏教に由来する教説だが、上座部の論書では、実体化した過去・現在・未来の時間軸に十二項目を配当し、いわば胎生学的に理解している。

竜樹のアイデアはそれとはまったく違っている。そうではなくて、苦的実存の構造分析のモデルなのだ。

「自己」という様式で存在するほかない実存は、根源的に言語内存在として構造化されている。その実情をモデル化したのが、竜樹の持ち出す十二支縁起であると、私は思う。

つまり、最初の「無明」を言語機能だと考えるなら、それが発動(行)したとき、どのように実存が構造化(識―名色―六入―触―受―愛―取―有)され、苦的実存(生―老死)となるのかが、分析されているのだ。

第一章でも述べたが、ここでもう一度説明を加えると、言語は意識の現実形態であり、意識は言語と同時に発動する(無明―行―識)。この意識は常に何ものかについての意識として成立するから、言語が媒介して、意識の対象が構成される(名色=観念と知覚対象)。と同時に、視覚や聴覚などの認識器官(六入)も認識主体として構造化され、統合される。

かくして主体と対象の二元的相対が実現し、その上で両者が接触すると(触)、そこに知覚的印象が感受され(受)、結果、愛着や嫌悪の感情が生じる(愛)。そこから対象への様々な働きかけ、すなわち執着や忌避、所有や排除が起こる(取)。

このような論理的関係を想定するなら、これぞ苦的な実存のシステム(有)を説明するものだろう。このシステムの現実化(生)は、必然的に「苦」をもたらし、それを象徴する極相が「老死」と言えよう。

唯識思想は、竜樹のこの画期的アイデアが無ければありえなかった。唯識思想は存在を認識に還元して、そこに決定的な言語の作用を見、実存のあらたな解釈を提示した。

我々が通常理解している「自己」と「世界」が言語の作用による錯覚であり、実は「無常」で「無我」で「空」なのだと、竜樹は言う。ならば、そのような錯覚はどのように起こるのか。「自己」と「世界」はどのようなメカニズムで「実体」に見えるのか。次は、無着と世親のアイデアを紹介する段取りである。

認識の形而上学

唯識思想を代表する文献は、無着の『摂大乗論《しょうだいじょうろん》』と世親の『唯識三十頌《ゆいしきさんじゅうじゅ》』である。それによると、「存在を認識」するのではなく、「認識が存在を生成する」という実存理解になっている。理屈の根幹をなすのがアーラヤ識（阿頼耶識《あらやしき》）というアイデアである。

その説によると、認識は八つに区別される。視覚（眼）・聴覚（耳）・嗅覚（鼻）・味覚（舌）・身体感覚（身）の五つによる認識と、思考・判断や想像力（意）による認識、さらに自我意識としてのマナ識（末那識《まなしき》）。このすべてを根底において規定し発生させるのが、アーラヤ識である。

アーラヤ識は、それぞれの認識において認識主体と認識対象を生成する。すなわちすべての存在はアーラヤ識という根源的な認識運動から生まれるとする「識一元論」、いわば認識の形而上学である。

じつに生命的存在と事物的存在との設定はさまざまに行なわれるが、それは識の転変においてである。(『唯識三十頌』第一頌)

「生命的存在」は認識主体を、「事物的存在」は認識対象、「識の転変」とはアーラヤ識をはじめとする諸認識の運動を意味する。このとき、存在するものの「設定」に根源的に作用するのがアーラヤ識である。そして、このアーラヤ識の「転変」のメカニズムを説明するのが「熏習《くんじゅう》」と「種子《しゅうじ》」のアイデアである。

「熏習」とは「いぶす」「染み付ける」ほどの意味で、この場合、認識対象からの感受や印象、認識主体における思考やイメージなどの影響が、アーラヤ識に染み付けられることを言う。同時に、染み付けられたものは、次の「生命的存在」と「事物的存在」を生み出す原因、すなわち「種子」になる。この相互運動の連続がアーラヤ識の「転変」であり、存在様態となる。アーラヤ識を全ての存在の原因たる種子を収蔵する「一切種子識」と別称する所以である。

敢えて言及するが、唯識思想は深層心理学ではない。アーラヤ識は無意識でも深層心理でもない。これは、存在を認識に還元した結果措定された、形而上学的概念である。

形而上学的概念であるが故に、アーラヤ識はそのものとして決して経験的に認識できない。その点、無意識と同じである。

唯一アーラヤ識が経験的存在として捉えられるのは、思考が自らを生み出した当のアーラヤ識を、「自己である」と錯誤的に認識するときである。自我意識たるマナ識とは、思考によるこの錯誤的認識のことである。

したがって、アーラヤ識は唯識思想の理論的要請として、論証的に設定されているのだ。

〔例えば〕眼識が貪欲その他の煩悩や副次的煩悩と、同時的に生じまた滅している場合に、それ〔眼識〕にこそ、それら〔貪欲などの煩悩〕が、種子という形で熏じつけられるのであって、それ以外〔の他の識やその他の場所に〕ではない〔と考える〕でもあろう。しかし〔その煩悩の熏じつけられた〕眼識がすでに滅し、また〔耳識などの〕別な識が生じて〔後に起る眼識との〕間に介在するような場合には、熏習も熏習のおかれた場所（所依《しょえ》）も認められなくなる。

（『摂大乗論』第一章）

簡単に言うと、こういうことである。視覚の印象が、目による認識に染み付くなら、見るのを止めるか、聴覚に気が向いて中断されたときには、その印象は見ることの中止と同時に消滅して、染み付かないはずである。したがって、印象が染み付くのは、もっと別な場所でなければならない。この事情はあらゆる認識において同様である。ならば、すべての認識の基底に、アーラヤ識が理論的に要請されねばならない、というわけなのだ。

アーラヤ識が「実体」視されることを、論書は極力諫めている。上座部の論理を援用し、あらゆる存在同様、アーラヤ識（種子）も刹那滅《せつなめつ》（一瞬ごとに生滅を繰りかえすこと）しているのであって、アートマンのごとき不変の「実体」ではないと強調するのである。

しかし、問題は「刹那滅している」などという解釈ではない。そうではなくて、アーラヤ識という概念の、文脈上の機能である。

しかし、何故にそれがアーラヤ識と呼ばれるのか。——あらゆる生あるものとしての汚染された諸存在が、それ〔アーラヤ識〕の中に結果的あり方として内蔵され、また逆にそれ〔アーラヤ識〕がそれら〔汚染のあり方〕の中に原因的あり方として内蔵されているから、アーラヤ識という。あるいはまた衆生は、自我として〔執着し〕内蔵するから、アーラヤ識なのである。

（『摂大乗論』第一章）

この言い方をするなら、アーラヤ識が「万物の根源」のように語られたも同然である。文脈上の機能は、ほとんどウパニシャッドの「ブラフマン」であろう。言葉の意味が文脈で決定される以上、このようなアーラヤ識の語り口は、まさに認識の形而上学のものであろう。

核心としての言語

では、アーラヤ識などが「転変」して、どのように存在を生成するのか。認識が言語によって行われる以上、次のように述べられるのは当然であろう。

この識の転変は分別である。これによって分別されたものは存在しない。したがってこのすべては唯だ識のみのものである。(『唯識三十頌』第十七頌)

「分別」の意味するものが、判断であり、認識であり、言語の機能であることは明白である。その「分別」が我々の通常の世界像を構成するが、そこにおいて私たちが「ある」と思っているものは、実は無い。すべては識による錯覚だというのである。

この「分別」による錯覚のメカニズムを説明するのが、有名な「三性《さんしょう》」説である。第一に、漢訳で「遍計所執自性《へんげしょしゅうじしょう》」と呼ばれる事態。

あれこれの分別によってあれこれの事物が分別される。それ(事物)はじつに妄分別された存在態をもつものであり、それは存在しない。(『唯識三十頌』第二十頌)

この事態は、先に『中論』で述べた「歩いている彼」の喩え話で理解できるだろう。あるいは、序章で述べた、コップとして使う、すなわち飲むという行為(関係性)がコップをコップにする(コップを存在させる)、という例も同様である。

飲むという行為的関係を、言語による「分別」で「コップ」と呼んで固定した上で(「遍計」)、その対象がそれ自体として「コップ」であるかのように実体視する(「所執自性」)というわけである。

次に、漢訳で「依他起性《えたきしょう》」と言われるもの。

しかるに分別は他による存在態をもつものであり、縁より生ずるものである。(『唯識三十頌』第二十一頌)

認識は「○○を認識する」という行為として作動する。つまり、認識の対象に触発されて、それに関係していく行為である。唯識思想では、すべての対象が認識の生成物であり、普通に考えても、ものは認識されない限り対象たり得ないが、認識が「○○を認識する」という様式でしか作動しない以上(「縁より生ずる」)、この点において、対象は認識にとって「他」的性質を持つのである。

この場合問題なのは、アーラヤ識の対象である。他の七識はそれぞれ対象を持つ(マナ識の対象はアーラヤ識)。では、アーラヤ識の対象はどう想定されているか。

一つは肉体。もう一つは「種子」である。肉体は精神の作用で維持されるのだと考えて、アーラヤ識の認識対象とされ、「種子」はアーラヤ識の運動を構成するから、主体であるアーラヤ識に対して作用のごとき位置づけになる。

さらに「器世間《きせけん》」と呼ばれる自然界も対象とされる。これも認識から生成されるとされながら、かつ認識対象と位置づけられている点において、まさに形而上学的であろう。

最後に、漢訳で「円成実性《えんじょうじっしょう》」。

しかるに、それ（他による存在態をもつもの）が前のもの（妄分別された存在態をもつもの）から常に離れていることが完成された〔存在態をもつもの〕である。（『唯識三十頌』第二十一頌）

要するに、言語に起因する「実体」視という錯覚を解除して、すべての存在は関係において生起する（縁起的実存）と考えることが、唯識的に正しいものの見方だと言うのである。

言語としてのアーラヤ識

こう見てくると、唯識思想の核心も言語であることは明瞭であろう。アーラヤ識の実質と目される「種子」を、『摂大乗論』は三つに分類する。

まず三種というのは、熏習に三種が区別されることに由来する。すなわちことばの熏習と、我見の熏習と、存在の支分の熏習とが区別されるからである。（『摂大乗論』第一章）

〔これら表象の諸識が、他に依るとの相を有するといわれる理由は、アーラヤ識における三種の熏習を種子とし、それに依って起っているからである。というのは〕その中で（1）身体、

（2）身体の所有者、（3）経験者の〔三つの〕表象と、また（4）それらによって経験せられる対象としての表象、（5）それを経験する主体としての表象と、さらに（6）時間と（7）数と（8）場所と（9）言語的表示とのもろもろの表象は、すべてことばによる熏習の種子から生じているからである。また（10）自他を区別する表象は、我見の熏習の種子から生じ、（11）善なる境位や悪しき境位に死んだり生れたりすることの表象は、存在の支分の熏習の種子から生じているからである。（『摂大乗論』第二章）

このうち、（2）は自我意識、（3）は先述した三性を生成する意識作用、（4）が認識対象で、（5）は認識の在り様（領域）と言えよう。これら（1）から（9）まで全部、「ことばによる熏習の種子」に由来すると述べられている。さらに（10）も、「我見の熏習の種子」と言うものの、まさに言語の根源的な作用である。

（11）は、輪廻の教説を意味していて、来世の生まれに影響する行為を種子と考え、これを上部にならって、十二支縁起に配当しているから、「支分の熏習の種子」と称するのである。であるなら、そのような倫理的行為は思考に基づかざるを得ないだろう。

とすれば、（1）から（11）まで、すなわち仏教的に把握された全存在は、「ことばによる熏習の種子」に起因すると言えるはずである。ならば、アーラヤ識とは言語なのだと言い切る方がよいと、私は思う。

言語と意識の解体

ところで、世親は「唯識」が形而上学的な理念に実体視されやすいことに警鐘を鳴らしている。

この「すべて」は唯だ識のみであると理解するから、なにものかを現前に立たしめるので、唯だそれにのみ住しない。(『唯識三十頌』第二十七頌)

「唯だ識のみであると理解する」とは、「分別」のこと、「唯識」を言語化して実体視することである。それによって、あたかも認識の対象として「現前に」それ自体で存在するもののごとく誤解する。そうなるのは、「唯識」性に「住しない」からなのだ。

この場合、「唯識」性に住するとは、主として禅定修行の深化によって言語機能を低減させ、自意識を解体することである。唯識は、それらの実践によって、アーラヤ識を土台とする八識が浄化され、結果、全く別の様態に転化(転依《てんね》)すると考える。つまり、凡夫の識は如来の智慧に転じるのである。

ブッダ以来、禅定が修行方法として最重要視されてきたのは、根本的な煩悩(無明)を言語機能に見るからである。このとき、銘記しておかなければならないのは、言語批判を言語で行うことの困難さである。『中論』には、それを明確に自覚した一節がある。

二つの真理（二諦）にもとづいて、もろもろのブッダの法（教え）の説示（がなされている）。〔すなわち〕、世間の理解としての真理（世俗諦）と、また最高の意義としての真理（勝義諦）とである。

（中略）〔世間の〕言語慣習に依拠しなくては、最高の意義は、説き示されない。最高の意義に到達しなければ、ニルヴァーナは、証得されない。（『中論』「聖なる真理（〔四〕聖諦）の考察」と名づけられる第二十四章）

ここで言われる「最高の意義」とは、竜樹の思想では「空」であろうし、無着・世親の立場なら「唯識」になろう。

ところが、「空」も「唯識」も、言語による「実体」化的錯覚を批判することで論証されるのだから、それらそのものは当然、言語表現の埒外である。言語を言語で批判するとは、そういう意味なのだ。

問題は、埒外の「空」「唯識」を言語で説かざるを得ないゆえに、言語の埒外のものが「実体」化しやすいということである。

「空」が「最高の意義」と説かれ、「唯識」が最終的に到達する境地として、

これがまさに無漏であり、界であり、不思議であり、善であり、堅である。これは楽であり、

解脱身である。これは大牟尼の法といわれる。(『唯識三十頌』第三十頌)

と語られる。それは結果的に「最高の真理」として絶対的な存在性を帯び、文脈上、「万物の根源」や「超越的理念」と同様に機能することになろう。

言語を言語で批判する結果、言語の埒外の領域を括り出し、これを「言葉を超えた真理」と言い切ってしまえば、それはまさに形而上学的実体を呼び込むことである。この危険を回避するには、言語化が必然的に引き起こす実体視に対して、禅定で確保された実存の視座から、言語による批判を不断に続ける以外にない。その徒労の切なさに耐えるしかない。

参考文献:『中論偈頌総覧』(第三文明社)、『人類の知的遺産14 ヴァスバンドゥ』『摂大乗論 和訳と注解』(以上、講談社)

第二部　中国——超越論思想としての中国仏教

第五章　中国仏教、智顗と法蔵の思想

インドにおける仏教は、十二世紀末に始まるイスラム勢力の侵入以後、急速に衰退して、その影響力をほぼ喪失する。

しかしながら、仏教はすでに二つの大きな潮流に分かれてインド亜大陸を出て、広く伝播していた。

その一つは所謂「北伝」と呼ばれ、主に大乗系の仏教がチベット、中国、朝鮮半島、日本などに伝来する。これに対して「南伝」は、スリランカおよび東南アジア一帯に伝わった上座部の仏教を言う。

この伝播の中、特に中国において、仏教は新たに思想的な展開を迎える。第二部では、後の日本仏教の直接的源流たる、中国仏教の諸思想を考えることにする。

「天」の形而上学

中国における仏教の展開にとって決定的な問題は、この地にすでに形而上学が存在していたことである。その代表がすなわち、孔子（紀元前五五二／一～前四七九）・孟子（紀元前三七二～前二八九頃）の思想、老子（春秋戦国時代）・荘子（紀元前三六九～前二八六頃）の思想である。

これら中国的形而上学の著しい特色は、超越的理念を持ちながら、人格性を帯びた「絶対神」的観念を持たないこと、そして「死後の世界」や「前世」「来世」など、現実世界とは別の存在界の設定に、ほとんどまったく関心を示さないことである。

そのことを端的に表した一節が『論語』にある。

子、怪力乱神を語らず。（『論語』「述而篇」）

このうち、「怪」が怪異現象、「神」が鬼神などを意味する。つまり、超自然的現象や、超現実的存在に意味を認めないのだ。ということは、超越的理念の働き方が「宗教」とは違っている。極端に言えば、中国には仏教の伝播以前に「宗教」がなかったのである。

孔子・孟子は「天」に言及し、老子・荘子は「道」を説くが、これらはいわば、人間的な実存を規定する現実の構造を説明するための、根本理念として提出されたのである。

かりに、極めて限定的な範囲に孤立して存在する地縁血縁共同体において人間が生活するなら、基本的にアニミズム的思想で実存を解釈し、個々の人間はその解釈から導かれたルールと秩序にしたがって身を処せばよいだけである。彼らの実存は共同体に埋没するから、個人と共同体の関係そのものを問う視点は必要なく、視点を提供する理念も生まれない。

ところが、地域的孤立が成立しがたい中国大陸では、個人・家族・親族の在り方を規定する地域・民族・国家という、地縁血縁共同体を超える上位共同体があり、しかもこれが安定しない。つまり王朝や支配民族の度重なる興亡と交代があり、そのたびに上位共同体は崩壊と興隆を繰り返す。したがって、個人は、みずからの実存と共同体の関係を意識せざるを得ず、崩壊と興隆の原理や法則に関心を持つことになるのは当然であろう。

孔子は、権力者に仁と徳による政治を行わせ、それによって人道的で安定した社会を実現することを目指し、その根拠として「天」の理念を持っていた。

子曰わく、天、徳を予《われ》に生《な》せり、桓魋《かんたい》それ予を如何せん。（『論語』「述而篇」）

しかし、その「天」自体がどんなものかという説明はほとんどない。

子貢《しこう》曰わく、夫子の文章は得て聞くべし、夫子の性と天道とを言うは、得て聞くべからざるなり。（『論語』「公冶長篇」）

孔子の弟子（子貢）は、師から文化についての考えは聞いたが、人間の本性と天の原理のなんたるかについては聞かなかったと言うのだ。すなわち、孔子の関心は、「天」の存在を前提にした人間の道徳的在り方と社会関係を説くことに集中していて、「天」は説明の対象ではないのである。

これが孟子になると、社会変動の原理として「天」がはっきり意識される（いわゆる「易姓革命」論）。

万章曰わく、堯は天下を以て舜に与う、と。諸《これ》ありや。孟子曰わく、否、天子は天下を以て人に与うること能わず、と。然らば則ち舜の天下を有《たも》つや、孰《たれ》かこれを与えし。曰わく、天これを与う、と。（『孟子』「万章章句」）

孟子によれば、王朝の交代は為政者の意志ではなく、「天」の意志だというのである。その意志はまた、人間の在り方を規定する。

孟子曰わく、その心を尽くす者は、その性を知るべし。その性を知れば、則ち天を知るべし。その心を存し、その性を養うは、天に事《つか》うる所以なり。（『孟子』「尽心章句」）

「心を尽くす」は、自らの精神性を十分に発展させる、くらいの意味にとれるであろう。

このような孔子・孟子の形而上学は、あくまで人間の現実的生活に焦点があり、それを根拠づけるものとして超越的理念が持ち出されるにすぎず、理念自体の思想的・論理的展開は乏しい。その意味では、「出家」「解脱」「涅槃」などを標榜する仏教の考え方とは、極めて異質であると言えよう。

「道」の形而上学

これに対して老子・荘子の思想は、中国における仏教受容に決定的な影響をもたらした。特に伝来初期には、老子の思想的観念を利用して仏教を解釈したからである。

老子の形而上学的根本理念は「道」と呼ばれる。

道の道う《い》可《べ》きは、常の道に非ず。名の名づく可きは、常の名に非ず。名無きは、天地の始めにして、名有るは、万物の母なり。(『老子』第一章)

この「道」は、まさに言語での解釈を超えた超越的理念であり、言語化できるのなら、それは「道」ではないとする。「道」は万物の根源であり、そこから名づけうる個々のものが生まれてくる。「名有る」とは、言語にはそれに指示する対象があるという意味であり、その生成の根源

（「母」）が「道」なのだ。だから、

道は常に為す無くして、而も為さざるは無し。（『老子』第三十七章）

「道」の創造的運動は、その超越性ゆえに我々には認識できない。認識が不可能ということは、「道が有る」と言えない、ということになる。したがって、

反《かえ》る者は、道の動なり。弱き者は、道の用なり。天下の万物は有《う》より生ず。有は無より生ず。（『老子』第四十章）

「道」の運動と作用は、人間の認識に直接捉えられるほど顕在的なものではない（「反る」とは後退の意）。その上で言えば、すべてのものは究極的存在（「有」）から生成され、その究極的存在は我々の認識を超越する「道」たる「無」から生じる。つまり、この場合の「無」は、「道」同様の根源的実在の意味になる。

すると、この根源的実在からすれば、我々が認識可能な個々の存在は実体を持たない、仮設されたものということになり、つまりは虚構の存在なのだ。ということは、すべてのものは、究極的実体としては、すべて「道」「無」に帰趨するという意味で、同一なのである。

万物は一斉なり、孰《いず》れをか短しとし、孰れをか長しとせん。道に終始無く、物に死生有り。

（『荘子』「秋水篇」）

「一斉」とは等しいという意味であり、優劣などの認識には根拠がなく、「道」が不変の実体なら、個々の事物は実体から派生した現象に過ぎないわけである。

このような考え方は、ウパニシャッドの思想や、それを取り込んだ密教の考え方に極めて近い。しかし、老子・荘子の思想は、これらインドの超越的理念を持つ思想が促すような実践、つまり超越的理念と一体化するような「修行」的行為は、一切排した。そのような人為的作業を排して、超越的理念にひたすら随順することを志向する。それが「無為」である。

無為を為せば、則ち治まらざること無し。（『老子』第三章）

無為にして尊き者は天道なり。有為にして累《わずら》わしき者は人道なり。（『荘子』「在宥篇」）

老子と荘子は、このような認識と実践において現実を生きることを主張し、為政者も「道」に随順する施政によって民衆の安寧を図るべきことを説いている。つまり、その超越的理念「道」は、あくまで実存を秩序づけるという意味で、「天」と変わらない。

仏教は、このような「現実肯定」的志向を持つ思想風土の中で、強い影響を受けることになる。

「格義」の仏教——初期の中国的受容

中国への仏教の伝来は、紀元前後から始まり、上座部系経典も大乗経典も時期を同じくして伝わった。中国最初期の仏教は、まさにそれら経典の翻訳事業から始まったのである。

このとき、般若経系の「空」の観念は老子・荘子の「無」によって解釈される（たとえば、支《し》婁《る》迦《か》讖《せん》訳『道行般若経』）。この方法を「格義」と呼ぶ。意味を推測する、という意味である。

この方法は、竜樹の『中論』に見られる言語批判を通じて解釈された「空」ではなく、『華厳経』に垣間見られる「万物の根源」的に意味づけられた「空」の解釈に結びつくだろう。それはすなわち、諸存在の非実体性を指摘するのではなく、存在を究極的に根拠づける役回りになる。

この差異は決定的に重要である。

「格義」は単に経典翻訳の局面だけの問題ではない。その後の中国仏教の理論的展開の中に浸透していくのである。つまりその思想にも多大な影響を与えたのである。

たとえば、四世紀に一大教団や念仏結社を組織したことで有名な廬《ろ》山《ざん》慧《え》遠《おん》（三三四〜四一六）は、仏教と儒教は教えの立て方は異なるが、究極的には一致するのだと説き（『沙《しゃ》門《もん》不《ふ》敬《けい》王者論』）、さらにこう言う。

ただ、大悟徹底した者は根源に反って（精神の不滅を）知るが、道理に迷った者は物を遂《お》い回して精神の不滅を悟らないのである。（中略）荘子は究極根源の道に関して玄妙な理論を展開しているが、彼は（「大宗師篇」の中で）『大塊は我を労《くる》しむるに生を以てし、我を息《いこ》わしむるに死を以てす』といい、また『生を仮の宿りとし、死を真に反ると為す』と言っている。これは、いわゆる、生が大いなる患《くる》しみであり、生の否定が根源に返るものであることを知っているものである。（『沙門不敬王者論』）

このようなあからさまな思想の対比ではなく、中国の「現実肯定」的志向に沿うように、経典の訳文を改訂する例もある。その代表的な例が、慧遠と同時代人で中国最大の訳経僧《やっきょうそう》、鳩摩羅《くまら》什《じゅう》（三四四〜四一三）の『法華経』訳に見られる。

サンスクリット語原文では以下のように読める部分、

シャーリプトラよ、如来が知る法、その法を、如来こそが如来に対して説かれるのである。あらゆる法をすべて、シャーリプトラよ、如来こそが説くのであり、あらゆる法をすべて如来のみが知るのである。

この場合「法」とは「事物の存在の仕方」「現象」ほどの意味である。ここを鳩摩羅什はこう訳す。

唯仏与仏　乃能究尽　諸法実相（唯、仏と仏とのみ、乃《すなわ》ち能《よ》く諸法の実相を究め尽せばなり）

彼は、サンスクリット原文にない「諸法実相」なる観念を持ち込む。文字通りとれば、その意味は「諸存在の真の姿」ということであろう。これについて、彼自身はこう言う。

「いわゆる一切の語言の道を断ち、一切の心の行いを滅するを名づけて諸法実相となす」

「諸法実相は、仮に如《にょ》・法性《ほっしょう》・真際《しんさい》と為す」（『大乗大義章』）

「如・法性・真際」は、究極の真理・本質を意味する言葉であり、結局「諸法実相」は、悟りの境地がそのまま現象的存在の真の在り方を顕現する、と説くことになるだろう。つまり、「現実」は仏教的に肯定できるのであり、「諸法実相」は、まさしくそのために挿入されたのである。

さらに、鳩摩羅什の弟子で「解《げ》空《くう》第一」と称された僧肇《そうじょう》（三七四～四一四）は、「空」の意味を「無」に引き寄せて決定的に実体化する。

「いったい至虚無生というのは、思うに般若という不思議の鏡にうつっている霊妙なありさまであり、あらゆる存在の宗極者である」

「してみると、玄道（の体得）は（結局）妙悟に在り、妙悟は真理そのものと一体になることに在る。真理そのものと一体になれば即座に有無（の対立）は（解消して）同じものとして観ぜられ、（有無が）同じものとして観ぜられるならば直ちに我と彼との差別もなくなってしまう。かくて天地は我と同根であり、万物は我と一体になるのであるが、（天地万物が）一体になれば、（それは）もはや有でも無でもない（涅槃の境地である）」（『肇論』）

「至虚無生」は「空」の言い換えであり、「玄道」という言い方は老荘思想が影響した「仏道」の別称であろう。さらに「天地同根」「万物一体」とまで言えば、老荘思想にしか見えない。このような、諸存在や現象を産出・成立させる根拠のように実体化された「空」の理解は、パーリ経典中のゴータマ・ブッダや『中論』にも予想されていなかった。

とりわけ、言語批判によって実体・本質概念の排除を徹底した『中論』の立場からすれば、以上に見たような言説は、ほとんどブラフマニズムへの先祖返りか、密教の中国版であろう。

さらに、実体視された「空」と、現象としての諸事物の二元論で、全現象の存在構造を説明しようとする考え方は、中国オリジナルの『易経』や陰陽思想の影響を受け、さらに展開する。それは、本質／現象の二元論に基づく数個のカテゴリー的概念を発明し、それらを形式的に組み合わせて存在構造を分析する方法として、後の中国における仏教思想に蔓延していくのである（天台宗の「三転読」、華厳宗の「四法界」、禅宗の「正偏五位」など）。

天台智顗の思想

六世紀に現れた中国最初にして、けだし最大の仏教思想家と言える天台智顗《ちぎ》（五三八〜五九七）の思想も、まさに実体化した「空」を根拠とする思想である。

智顗の思想は、通常『法華経』に基づくものだと考えられている。事実彼の三大著作といわれるものの二つは、『法華玄義』と『法華文句《もんぐ》』と題されている。

しかし、智顗は『法華経』から自らの思想を導き出したのではない。『法華玄義』は経題（妙法蓮華経）の解釈によって、『法華文句』は経典本文の注釈によって、自らのアイデアを大規模に開陳した書物だが、そのアイデアの由来は中観思想であり、彼による「空」思想の解釈は、三大著作の一つ『摩訶止観《まかしかん》』に結実している。

『摩訶止観』の内容は、ほとんどまったく『法華経』と関係ない。とすると、彼にとっての『法華経』の意味は何だったのか。それは、自説の真理性の担保である。『法華経』が仏教の絶対的真理性を主張し保証する経典であることが重要だったのだ。

智顗が『法華経』本文の中で思想的に最も注目したのは、先述した「諸法実相」という概念である。彼は、経典で「諸法実相」に続く部分から、「三転読」（『法華玄義』）なる考え方を発明する。

「諸法実相」に続き羅什訳『法華経』は言う。

所謂諸法の如是相・如是性・如是体・如是力（中略）如是報・如是本末究竟等なり。

この部分は、仏による「実相」の認識は、「相」をはじめとする十のカテゴリー概念（「十如《じゅうによ》是《ぜ》」）に随って分析され把握されなければならないと説いているのである（「本末究竟等」は「相」から「報」までの全体の総括）。

同じ部分に当たるサンスクリット語原文は、今日以下のように翻訳されている。

それらの法はなんであるか、それらの法はどのようにあるか、それらの法はいかなる様態か、それらの法はいかなる特質があるか、それらの法にはいかなる本性があるか。すなわち、それらの法そのもの、（その）あり方、様態、特質、本性という、これら（法そのものからその本性にいたるまでの五種）の範疇（法）について、如来だけが直知するのであり、明晰な知を有するのである。

漢訳の「如是」は「如何なるか是れ」の意味であり、現代訳では「どのように」「いかなる」に当たる。

ところが、智顗はこれをまったく異なる意味に読み替える。

まず、たとえば「如是相」なら、この三文字を分解して、「如」を実体化した「真理」としての「空」に当て、「相」などを十種にカテゴライズされた現象の存在の仕方に配し、「是」を両者の相即性あるいは即一性の意味にとる。

そしてこれを、「相如是」「是相如」などと全カテゴリーにわたって組み合わせを変え、「如是相」と相まって三種類の読み方として提出する（三転読）。この「転読」操作により、全カテゴリーについて本質と現象の相即性を主張し、これが「空」の説く「真理」だと言うのである。すなわち、現象世界の存在論的肯定が果たされるわけである。

この考え方は、『中論』を読み替えた、智顗の「三諦《さんだい》」思想が背景になっている。

「実体」の論理とその前提

「三諦」思想とは、『中論』のある文章に関する智顗の解釈である。『中論』は言う。

> およそ、縁起しているもの、それを、われわれは空であること（空性）と説く。それは相待《そうだい》の仮説（縁《よ》って想定されたもの）であり、それはすなわち、中道そのものである。（『中論』「聖なる真理（〔四〕聖諦）の考察」と名づけられる第二十四章）

およそ存在するもの・現象は、それ自体に存在根拠を持たず、それ以外のものとの関係から生起することを「空」というのであり、それを我々は、あたかもそれ自体で存在するかのように言語の作用によって錯覚しているにすぎない。このように認識することを「中道」というのである……と、私に言わせれば、こういうことになる。

これを智顗はこう解釈する。

一切の諸の仮《け》がことごとくみなこれ空にして、空すなわち実相なりと体するを入空観《にっくうがん》と名づく。この空に達する時、観は中道に冥《かな》い、よく世間の生滅の法相を知り、実のごとくにして見るを入仮観《にっけがん》と名づく。このごとき空慧はすなわちこれ中道にして二《に》なく別なきを中道観と名づく。(『摩訶止観』巻第三上)

智顗の解釈における最大の難点は、通常我々が「ものがある」と認識する時の、言語の決定的な役割(『中論』で言う「相待の仮説」)についての問題意識が欠落していることである。

この引用文にも、「仮」である現象世界がどう成立するかについては言及がない。それを成立させる言語の構造的作用を考察することもない。すると、「空」の解釈は結局、どうなるのか。「空」の実体化はどうなされるのか。

まず、「空」が諸存在の実体性(「自性」)の否定であることは、インド・中国の共通理解である。この実体性を欠いた存在は、存在としては縁起する、すなわち関係から生起するのだと考える。

このとき、縁起を単純に相互関係や相互依存(AがあるからBがあり、BがあるからAがある)

の意味にとると、解釈が『中論』から逸れていく。

この解釈では、AとBの存在が無批判・無条件に前提されてしまっている。つまり、まずAがありBがあって、その間に相互依存関係が成立しているという考え方が、自覚を欠いたまま採用されているのだ。

すると、すべての存在は相互に関係しあい、依存しあっているのが「実相」であり、「空」なのだということになる。すなわち、諸存在は関係しあう全体として認識される。これが「一体」化である（「天地同根　万物一体」）。

個々の存在は実体ではなく「一体」の一部分なのであり、この「一体」性こそが、「真理」である「空」の実質的意味になる。

換言すれば、すべての存在と現象は「一体」によって裏付けられ、「真理」「空」と相即し同一なのだということである。これを智顗は「円融」と称する。「空」思想の核心的問題が言語であることを考慮しない、この「円融」の縁起観が、「空」を実体化して語らせるのである。

「円融」の存在論

智顗によるこのような存在論は、「一念三千」「十界互具《じっかいごぐ》」の思想に結実する。

それ一心に十の法界を具す。一つの法界にまた十の法界を具すれば百の法界なり。一つの界に三十種の世間を具し、百の法界にすなわち三千種の世間を具す。この三千は一念の心にあり。もし心なくんばやみなん、介爾《けに》も心あればすなわち三千を具す。また、一心は前にあり、一切の法は後にありといわず。また、一切の法は前にあり、一心は後にありといわず。（中略）ただ心がこれ一切の法、一切の法がこれ心なるのみ。（『摩訶止観』巻第五上）

地獄から仏の世界に至る十界は、各々がさらに十界を含み（「十界互具」）、それぞれに三種の世間（衆生世間《しゅじょう》・国土世間・五陰世間《ごおん》）があり、それにまた十如是がある。これらを掛け合わせると三千世間になり、この三千世間が、我々の一心にあるというのである。

この時、智顗は慎重にこのアイデアが唯心思想に陥ることを避けている（「前にあり、後にありといわず」）。「心」の実体化を回避することで、あくまで「円融」の立場にとどまるのである。それもまた回避したはずの「実体」化に帰着するとはいえ。

この智顗の避けた唯心思想の方向で「空」を理論化したのが、中国の華厳思想であり、その集大成が、法蔵《ほうぞう》（六四三〜七一二）の著述である。以下、彼の主著の一つ『華厳五教章』で検討してみよう。

唯識思想の導入による「空」理解

すでに『華厳経』の検討において関説したように、この経典の中心的思想は唯心思想である。

三界唯一心　心外無別法　心仏及衆生　是三無差別（『華厳経』）

この「心」一元論的思考を、法蔵は唯識思想の「三性」思想を援用して理論化する。唯識思想の「三性」を簡単に振り返っておく。まず「遍計所執自性」は、分別や区別のごとき言語作用（遍計）によって、縁起的な実存を「実体」と錯覚（所執）する事態であり、「依他起性」とは、「実体」と見えるものは、そう認識する他なるものに依って（依他）実存することを言う。そして「円成実性」は、まさに諸存在・現象を「実体」視せず縁起的実存として認識することである。

この三性について、法蔵は言う。

前の中に三性に各々二義有り。真の中に二とは一には不変の義、二には随縁の義なり。依佗の二義とは一には似有の義、二には無性の義なり。所執の二義とは一には情有の義、二には理無の義なり。

真の不変と依佗の無性と所執の理無とに由りて、此の三義に由るが故に三性一際にして同にして異なること無し。此れ即ち末を壊せずして而も常に本なり。（中略）又、真如の随縁と依佗の似有と所執の情有とに約して此の三義に由りて亦た異なること無きなり。此れ即ち本を動ぜずして常に末なり。（『華厳五教章』「義理分斉」）

ここで法蔵は、三性のそれぞれを二つの意味に分ける。そして、その一方を真理としての「空」の系列（「真」「真如」）とし、他方を「実体」視された諸存在の系列に整理する。前者が、「空」＝「不変」＝「無性」＝「理無」と、後者が「所執」的現象＝「随縁」＝「似有」＝「情有」である。

このうち、「無性」は実体性の否定であり、「理無」は実体のような存在根拠を欠いているという意味である。

また「随縁」は縁起のことであり、「似有」は、「実体」として存在していると見えるものは、まさにそう見えるに過ぎないという意味で「似ている」と言う。「情有」は凡夫の迷情が錯視させた「実体」である。

この説明は結局何を言いたいのか。すなわち、「本」＝「空」的真理と「末」＝諸存在・現象世界は、系列に貫かれて「異なること無」く、即一であるということである。この即一性が「唯識」において確証されるわけだ。

「法界縁起」の理論化

このような三性思想の独自解釈を導入して、法蔵は『華厳経』のいわゆる「一即一切、一切即一」の縁起思想を理論化する（『華厳五教章』「義理分斉」）。

そこで駆使される概念が「同体」「異体」、「相即」「相入」である。法蔵はこれらの概念を使って、真理である「空」が諸存在・現象に展開する構造を説明しようとするのだ。

「同体」とは、一つのものが一切のものを包摂するという意味で縁起を考える概念であり、「空」における諸存在の一体性を意味する。これに対して「異体」とは、その一体性に根拠づけられた諸存在個々の相互依存的関係性を言う。

「相即」と「相入」は、唯識の「種子」説を応用した概念である。「相即」は一が一切を代表し、一切が一に随伴することであり、「相入」は一が一切の中にあり、一切の中に一があるということである。つまり、諸存在が「空」において「一体」である事態と、すべてが「一体」化する作用を意味する。

自然数を比喩にして説明すると、「相即」は任意の自然数が他の自然数を代表し、そのことにおいて、自然数全体が成立する事態である。そうでなければ、数を「数える」ことができないだろう。

「相入」は任意の自然数がその他の自然数に内包されて全体化する作用である。そうでなければ、「足し算」が成り立たないだろう。

この概念を道具として、法蔵は縁起を説明していくわけだが、その理論は、彼自身の著作よりも、後に出た澄観《ちょうかん》（七三八～八三九）の説にもっと簡明に整理されている。後代、華厳思想独自の縁起説として有名になる、いわゆる「四法界」の理論である。

一事法界　二理法界　三理事無碍《むげ》法界　四事事無碍法界（『法界玄鏡』大正新脩大蔵経第四十五巻）

「事法界」は諸存在や現象世界、「理法界」は「真理」としての「空」である。そして「理事無碍法界」は、現象世界が「真理」と相即・相入して、両者が即一のものであることを示し、諸存在はそれ自体「真理」として肯定されることになる。そうであるならば、「空」なる「真理」において、個々の諸存在は相関相依して「一体」であるから、この側面を「事事無碍法界」と言う。すなわち、「理法界」なる超越的理念による、「事法界」的実存の全面肯定理論になるわけである。

ここであえて対比すれば、智顗の思想は、「真理」が「ありのまま」に現実化していると考える点で孔孟的、法蔵のアイデアは、根源的「理」から「事」的現実への展開を理論化する点で老荘的、と言えるだろう。

参考文献：『世界の名著3／孔子　孟子』『世界の名著4／老子　荘子』（以上、中央公論社）、『沙門不敬王者論』（『慧遠研究　遺文篇』創文社）、『大乗仏典4　法華経Ｉ』（中公文庫）、『肇論研究』（法蔵館）、『法華経』（岩波文庫）、『詳解摩訶止観』『仏典講座28／華厳五教章』（以上、大蔵出版）

第六章　中国浄土教と禅の思想

智顗を祖とする天台思想、そして法蔵の華厳思想は、中国において形成された巨大な仏教の理論と実践の体系である。

してみると、この二つの体系に身を投じようという者には、識字階層に属することは当然として、かなり高度な知的能力と強い実践の意志が求められるだろう。

ということは、当時膨大に存在していたはずの、読み書きができない人々などは、事実上、仏教から排除されることになる。この事態は仏教の普遍性（誰でも成仏できる）を標榜する「大乗仏教」の原則的立場からして、不都合な問題であろう。

これに応答したのが、中国浄土教の思想であり、中国禅である。

救済思想の構築

インドで成立した浄土経典から、その思想的核心を抽出して理論化したのは、中国の仏教者である。

とはいえ、インドにも論書はある。最も有名なのは、インド大乗仏教の大思想家、ナーガールジュナ（竜樹）とヴァスバンドゥ（世親）の著作とされる二書、前者による『十住毘婆沙論《じゅうじゅうびばしゃろん》』、後者の『浄土論（無量寿経優婆提舎願生偈《むりょうじゅきょううばだいしゃがんしょうげ》）』である。ただし、両書とも現存するものは漢訳のみで、著者の真作であるかどうかについては、強い疑義がある。

中国において、浄土思想の骨格を構築した曇鸞《どんらん》（四七六～五四二）は、『浄土論註』においてヴァスバンドゥの『無量寿経優婆提舎願生偈』を注釈しつつ自らの思想を開陳したが、その劈頭《へきとう》にナーガールジュナの極めて有名なアイデアを取り込み、これを土台に独創的主張を展開した。

ナーガールジュナが著作で提案したのは、「難行」「易行」という考え方である。

> 仏法に無量の門有り。世間の道に難有り、易有りて、陸道の歩行は則ち苦しく、水道の乗船は則ち楽しきが如し。菩薩の道も亦た、是の如し。或るいは勤行精進する有り、或るいは信方便の易行を以って、疾く阿惟越致《あゆいおっち》に至る者有り。（『十住毘婆沙論』）

すなわち、修行によって悟りの境地から後退することのない段階（阿惟越致）にまで到達するには、極めて大きな困難が伴い、相当の知的能力と実践の意志が必要とされるが、そのような能力・意志が十分ではない者には、信じることを根本とするもっと容易な方法があると言うのだ。その方法こそ、「名号《みょうごう》を称す」る行為、すなわち称名なのである。

若し人疾く　不退転地に至らんと欲せば　応さに恭敬の心を以って、執持して名号を称すべし（同前）

無論、この書では称名が阿弥陀仏に限られると明言しているわけではないし、称名だけでなく、「礼拝」や「恭敬」「憶念」も重要な行為として挙げられている。

しかし、全体として、浄土経典、特に『無量寿経』の強い影響を受けていることは明らかである。

曇鸞は、この「易行」たる称名念仏を彼の仏教の核心に据えることを、自らの主著冒頭で宣言しているのである。

実際、彼が注釈するヴァスバンドゥの『浄土論』で中心的に論じられているのは、禅定状態で阿弥陀仏の浄土を観想する修行、そういう行為としての念仏である。

しかし、曇鸞は自らの注釈の初めに、ヴァスバンドゥではなく、ナーガールジュナの言葉を置いた。それはなぜか。

「濁世」と「衆生」

『十住毘婆沙論』が言う「易行」は、能力が劣る修行者に本来の修行とは別の選択肢を示すことに過ぎない。

ところが、曇鸞の「易行」の強調においては、当時の時代と社会の矛盾に呻吟する民衆の実存こそが、最大のテーマである。つまり、「易行」以外では仏教にアクセスしようのない人々を、どう導くかが問題なのである。

曇鸞の生きた中国南北朝時代は、政治的な動乱が続き、人心の動揺も激しかった。このような時代にあって、民衆の大多数には「勤行精進《ごんぎょうしょうじん》」など到底無理である。

難行道とは謂わく、五濁《ごじょく》の世、無仏の時に於いて、阿毘跋致《あびばっち》を求むるを難となす。(『浄土論註』)

曇鸞に言わせれば、「難行」の不可能性は修行者の素質の問題などではなく、時代が汚れ、指導者である仏も存在しないからである。

三界を見るに、是れ虚偽の相、是れ輪転の相、是れ無窮の相にして、蚇蠖《しゃっかく》の循環するが如く、

蚕繭《さんけん》の自縛するが如し。哀れなる哉衆生此の三界に締られて顚倒不浄なり。（同前）

人々は悲惨な現世にあって、尺取虫が同じ場所を堂々巡りしているように、あるいは蚕が繭の中に自分を閉じ込めているごとく、煩悩に緊縛され、汚濁に塗《まみ》れているというのだ。そして、これは他人ごとでない。曇鸞は自らを省みて、

われ無始より三界にめぐりて、虚妄輪《こもうりん》のために回転せらる。一念一時に造るところの業、足を六道に繫ぎ、三塗《さんず》に滞る。（『讃阿弥陀仏偈《さんあみだぶつげ》』）

これらの鋭利な考察と内省が、阿弥陀仏による救済の思想を必要としたのだ。
戒を受け、禅定に励み、神通力を得て、天空を自在に往来できる「自力」の修行者に対して、彼は言う。

又劣夫驢《ろ》に跨れども上らず、輪転王の行に従えば、便《すなわ》ち虚空に乗じて四天下に遊ぶに障礙する所なきが如き、是の如き等を名けて他力となす。遇《おろか》なるかな後の学者、他力の乗ずべきを聞かば当に信心を生ずべし。自ら局分すること勿れ。（『浄土論註』）

凡夫が驢馬に乗っても空は飛べないだろうが、転輪聖王《てんりんじょうおう》（仏教が考える理想の王）の行幸に加

われば、空中に上って全宇宙を自由に飛び回ることができる。他力とは、転輪聖王に頼るがごとく、阿弥陀仏の本願の力を信じて、往生し成仏しようとすることなのだ。阿弥陀仏を信じることこそすべてであって、自分であれこれ分別してはならない。

実体化への躊躇

したがって、曇鸞の主張の核心は、

凡夫の人、煩悩成就することあれども、亦た彼の浄土に生ずることを得れば、三界の繋業《けごう》畢竟じて牽かず。則ち是れ煩悩を断ぜずして涅槃の分を得。(『浄土論註』)

ということにあり、それが可能なのは、

但だ信仏の因縁を以て浄土に生ぜんと願ずれば、仏の願力に乗じて便ち彼の清浄の土に往生することを得。(同前)

とあるように、称名念仏によって阿弥陀仏の本願の力から支援を得られるからである。

かくして、曇鸞は、「五濁の世」「無仏の時」という、いわば原罪的な実存状況にある「凡夫」

を、阿弥陀仏が「本願」という絶対的な力で一方的に救済するという、きわめて一神教的なパラダイムの思想を確立した。

これは同時に、実践方法が「修行」から「信心」に転換することである。そこには、「修行して成仏」という従来の教義からではまさに「信じがたい」教えをどう「信じる」かという決定的な問題が露出しているのであり、阿弥陀仏の「本願」力に対して、「凡夫」の「信心」の意味と強度が問われ続けねばならないことになる。

このことは、すでに曇鸞自身には当初から胚胎していた問題である。

というのも、彼は長い間当時主流だったナーガールジュナの思想を学ぶ中観思想の学徒だったからである。つまり、一神教の持つ形而上学的パラダイムとは相容れないのだ。

そもそも、「この世」と別に「極楽」があって、それ自体として存在する「凡夫」が、「この世」で死んで「極楽」に生まれ変わるのでなければ、「往生」にならない。「この世」「極楽」「凡夫」は、実体として存在しなければ意味がない。

ところが、曇鸞は中観思想の立場から、これを否定する。ナイーブに「信じる」わけにはいかないのだ。彼に言わせれば、「往生」を実体的に考えることこそ、「凡夫」の妄想なのである。

凡夫の謂う所の如きは実の衆生なり。凡夫の見る所の如きは実の生死なり。此の所見の事、畢竟じて所有なきこと亀毛の如く虚空の如し。(同前)

「実の衆生」「実の生死」が錯覚なら、「往生」の意味は何なのか。矛盾なく説明するとすれば、そのような錯覚から脱することだろう。「凡夫」には「自力」でそれを行うのは難しいから、阿弥陀仏の「本願」力で解脱するのである。

だから、曇鸞は「往生」の「生」を「阿弥陀如来清浄本願の無生の生」であるとして、「三有《さんう》虚妄の生」(「三有」は衆生の三様の在り方)ではないと断定する。「無生の生」は、あらゆる「実体」を認めない般若・中観思想が多用する言い回しの一つである。

「絶対」の救済

上述のような曇鸞の「中観化」操作は、一神教パラダイムの持つインパクトを減退させる方向に作用する。

これに対して、彼の後継者たる道綽《どうしゃく》(五六二〜六四五)、その弟子善導《ぜんどう》(六一三〜六八一)は、『観無量寿経』(『観経』)に注目して、救済思想を徹底しようとする過程で、一神教的アイデアの濃度を著しく高めた。この点を中国浄土教の大成者である善導の思想に見よう。

彼はまず救済の対象を明確にする。

然るに諸仏の大悲は苦者に於てす。心偏に常没の衆生を愍念《みんねん》す。是れを以て勧めて浄土に帰せしめたまふ。

但ゝ此の観経は仏、凡の為に説きたまへり、聖には干《かかわ》らざるなり。(『観無量寿経疏』)

さらに、善導は『観経』に説かれる、往生を願う者の品行にしたがって設けられた、九段階の区別(九品《くほん》)を事実上無意味にする。

(この九段階に分種された人間は)総べて是れ仏、世を去りたまふて後の五濁の凡夫なり。但ゝ縁に遇ふに異あるを以て九品をして差別せしむることを致す。(同前)

となると、救済の焦点は、九段階の最底辺、すなわち「下品下生《げぼんげしょう》」と呼ばれる者たちが救済されるのかどうかになるだろう。

「下品下生」とは、五逆(仏教において許されざる五つの大罪)を犯し、さらに仏教を誹謗する凡夫のことである。

もともと『無量寿経』では五逆と謗法を犯すものは往生できないとされている。ところが、『観経』においては、謗法はダメだが五逆は往生できると説かれる。

善導はこの『観経』の立場をさらに踏み出し、謗法の者も往生できると主張している。『観経』で謗法を排除しているのは、事前にこの行為を抑止するためで、実際に罪を造ったならば、結局「本願」の力が作用して往生できると言うのである(「若し造らば還りて摂して生ずることを得しめん」)。ここにおいて、阿弥陀仏の救済力は絶対的に解釈されることになる。となると、救済者たる阿弥陀仏の存在も絶対性が要請されるだろう。浄土への往生を実体論的に考えることを回避した曇鸞に対して、善導は大きく浄土の実体視に傾いた。彼は阿弥陀仏と浄土について言う。

法を指し相を立てて心を住《とど》めて境を取らしむ。総べて無相離念を明かさざるなり。(同前)

凡夫に「無生の生」とか「相を離れて事を求むる」などということが理解できるわけがない。である以上、一神教的な救済パラダイムをそのまま、実体論的に解釈して、よりわかりやすく強力に提示するしかない。

ゆえに、善導はこう結論する。

仏の本願に望むれば、意、衆生をして一向に専ら弥陀仏の名を称せしむるに在り。(同前)

衆生はまさにこの「本願」を「信じる」ことにおいて救済されるのだ。

かくして、仏教における救済思想は、善導が大成した浄土教学に於いて、最も明確な形式で提示されたのである。

中国禅における断絶

中国産の仏教思想において、最もオリジナリティが高いのは、禅である。それというのも、禅はインドの仏教と思想的に断絶しているからである。

中国の天台や華厳は、インドの経典や論書を所依と定め、そこから自らの理論を展開したが、禅は事情が違う。このことを、インドからの禅の「伝来」を物語るエピソードを挙げて説明する。

インドから中国に禅を持ち込んだのは、菩提達磨《ぼだいだるま》(五世紀後半〜六世紀前半頃)と呼ばれる僧である。彼の伝記的逸話のほとんどは伝説の域を出ず、歴史的に実在した人物かどうかは定かではない。

しかし、私に言わせれば、実在したかどうかは大した問題ではない。問題なのは、中国禅における彼の語られようである。

まず有名な逸話は、中国到着後すぐにあったとされる、梁の武帝との会見である。そこでの会話の終わりは、およそ次のようなものであった。

武帝「お前の知る仏教の聖なる真理とは何だ?」
達磨「まるっきりそんなものは無い」
武帝「私の目の前にいるお前は誰だ?」

達磨「知らない」

武帝は当然この回答に満足できなかったので会見は決裂し、達磨はさっさと嵩山《すうざん》の奥に入り込んで坐禅を始めたというのである。後々この会見は禅問答として様々に解釈されることになった。もう一つのエピソードは、達磨と中国人の慧可《えか》（四八七〜五九三）との弟子入りに関する一件である。

慧可は最初儒教を学んでいたが、仏書を読んで得るところがあり、出家したとされる。四十歳の時、達磨の評判を聞いて弟子入りを志願し、大雪の山中まで教えを請いに行く。ところが、達磨は岩穴の壁にむかって坐禅したまま、まったく相手にしない。そこで慧可は志の切なることを示すため、自分の左臂を切断して献上したという。

もしこの二つの逸話が事実なら、達磨は自分の考えや意志を中国人に十分に伝える気がなかったということだろう。皇帝に対してこれほど無愛想な態度で会話を打ち切ったり、弟子入り志願者が腕を切断するまで何の返答もしないとなると、そう思わざるを得ない。おそらく生涯中国語を習得することもなかったに違いなく、結局、彼がインドから直接持ち込んだであろう思想は、ほとんど中国に土着しなかったはずである。

これが歴史的事実ではなく後世に創作された伝説なら、禅の思想はインドからダイレクトに伝来したものではなく、孔孟・老荘などの中国形而上学を土台に、当時流布していた漢訳の大乗系経典・論書（『華厳経』『涅槃経《ねはんぎょう》』『楞伽経《りょうがきょう》』『金剛般若経』『大乗起信論』など）の思想をあれこれアレンジして構築されたものだ、ということを意味している。

すると、中国禅がインド仏教から直接引き継いだのは、結局禅定（坐禅）という身体技法だけだと考えざるを得ない。実際の中国禅のその後の展開を見ると、その「オリジナル度」の高さがわかるだろう。

中国禅の「心」主義と「見性」

では、中国禅の思想はまず何を重視していたのか。菩提達磨の言葉とされるものには、こうある。

心が異相無きを、名づけて真如と作《な》す。心が改む可からざるを、名づけて法性と為す。心が属する所無きを、名づけて解脱と為す。心性が無碍なるを、名づけて菩提と為す。心性が寂滅するを、名づけて涅槃と為す。（『二入四行論《ににゅうしぎょうろん》』）

これは「心」のみが真理だとする一種の唯心思想であり、このように形而上学化した「心」は、人間の言語による理解が及ばないものと考えられる。

達磨から数えて三代目の祖師までは歴史的実在に疑問が残るが、資料から実在したとされる四代目の大医道信《だいいどうしん》（五八〇～六五一）はこう言う。

亦た仏を念ぜず、亦た心を捉えず、亦た心を看ぜず、亦た心を許せず、亦た思惟せず、亦た観行せず、亦た散乱せず、直に任運《にんぬん》なれ。亦た去らしめず、亦た住せしめず、独一清浄にして究竟する処、その心は自から明浄ならん。或いは諦《あき》らかに看じて心即ち明浄なるを得て、心は明鏡の如くなるべけん。(『楞伽師資記《りょうがしじき》』)

要するに彼の説は、一切の知的アプローチを停止した上で「心」を「諦らかに看じ」れば、そこに「真如」「法性」たる「明鏡」のような「心」が現れるというのである。

この言語機能に基づく知的理解を超えたところに「真如」が現れるという発想は、さらに徹底されていく。

後に中国禅の実質的な祖とされる六代目大鑑慧能《だいかんえのう》(六三八〜七一三)の伝説が、まさにそれである(『景徳伝燈録《けいとくでんとうろく》』)。

慧能の師匠が後継者を選ぶとき、弟子たちに悟りの境地を詩に書いて示すように求めた。このとき、まず筆頭の弟子神秀《じんしゅう》(六〇六〜七〇六)が次の詩を呈した。

身は是れ菩提樹　心は明鏡台の如し　時時に勤めて払拭し　塵埃《じんあい》を有らしむること莫れ

この詩によれば、人間は本来身も心も悟りの中にあるのだから、努めて煩悩の塵を払拭すれば、そこに悟りは現れるというのであろう。道信の説を引き継ぐ見解である。

対して慧能はこの見解を批判した。

菩提に本より樹無し　明鏡亦た台に非ず　本来一物も無し　何処ぞ塵埃を惹かん

この詩は菩提や心の実体視（「樹」「台」）を激しく批判している（「本来無一物」）。この実体視は、明鏡と塵埃を区別して考えることに起因する。したがって、この知的分別を放棄したところに、「真如」たる本来の「明鏡」が現れるというわけである。

ちなみに、出家を志した当時の慧能は読み書きができず、正式の修行僧ではなく、教団の使用人として米搗《こめつ》きをしていたと言われている。つまり当時の禅修行者には、そのような階層の出身者が相当数いたはずなのだ。ということは、禅は浄土教同様に、中国において仏教の普遍化に貢献していたということになる。

同時にそれは、仏教における知的側面の相対化、あるいは軽視、修行の単純化を招く。

この慧能に帰せられる有名な語が「見性《けんしょう》」である。


一切の法に於て、取らず捨てず、即ち是れ見性して仏道を成ずるなり。（『六祖壇経《ろくそだんきょう》』）

「見性」の「性」は、存在の本質、仏教で相当する語は「仏性」とか「法性」と言われるものになる。すると、最初から唯心思想の傾向が強い禅では、「性」が実質的に、分別を超えた「心」だということになる。

「一切の法に於て、取らず捨てず」があらゆる教法に囚われない態度を意味するなら、「見性」はまさに知的分別を超えた「真如（＝心）」の体験的把握を言うことになる。

ちなみに、『六祖壇経』には次のような言葉もある。

善知識よ、菩提の自性は本来清浄なり。但だ此の心を用いて直に成仏を了ぜよ。

この書には他にも「自性」が頻出する。「無自性」を主張したインドの般若思想（「空」思想）に対して、このように「自性」を持ち出すことは、「空」を「心」に結び付けて実体視する、中国禅の強い傾向を示すものである。

「不立文字　教外別伝　直指人心　見性成仏」

六代目後継をめぐる神秀と慧能の対立（本当にあったかどうかは別問題）に際し、神秀を徹底的に批判し、慧能こそ達磨以来の禅の正統な後継者だと主張したのが、荷沢神会《かたくじんね》（六八四〜七六〇前後）である。彼は最初神秀に師事していたが、後に慧能に転じた。

彼は、唐王朝中期の大乱（安史の乱）が起こると、授戒会を主宰することによって多額の戦費を調達し、朝廷に献納した。この功績で、皇帝から慧能を継ぐ「七祖」と公認されたのである。

さらに彼は、菩提達磨のインドにおける師弟系譜を独自に制作して（インドに正統系譜を作るような宗教的慣習は無い）、インド仏教と中国禅を接続して、仏教における一貫した禅の伝統を宣揚した。

したがって、中国禅の思想的骨格を作ったのは、この神会だと言えよう。彼は著作中で、次のように語る。

> 但だ本体の寂静、空無所有にして、亦も住著すること無く、虚空に等しく、処として遍からざる無きをさえ知らば、即ち是れ諸仏の真如身なり。真如は是れ無念の体、是の義を以ての故に、無念を立てて宗となすなり。若し無念を見る者は、見聞覚知を具すと雖も、而れど常に空寂なり。（『南陽《なんよう》和上《わじょう》頓教《とんきょう》解脱《げだつ》禅門《ぜんもん》直了《じきりょう》性壇語《しょうだんご》』）

神会の言う「無念」はまさに言語による思慮分別を超えた境地のことだろうが、彼は別著で「無念を見る」というアイデアを説明して、「無を見る」、「無物を見る」と言っている。

ここには、老荘的「無」が明らかに反映している。つまり、存在の根源としての、形而上学的「無」である。するとそれは、前に紹介した僧肇の「天地同根　万物一体」の考えに直結するだろう。

このように、言語機能を離脱した境地を示すのに「無」の観念を使い、形而上学的に操作すると、実存と隔絶した別次元に超越的理念を設定する思想（一神教やブラフマニズムなど）とは違った思想的展開が起きる。

中国においては、本来、現実の構造を説明する根拠として超越的理念は語られる。同様に禅の文脈では、「無」、あるいは「自性」「法性」「仏性」にしても、これらは現実世界に内在、あるいは顕現していると考えられるようになる。

たとえば、荷沢神会の一派を最終的に駆逐して、六祖慧能以降の正統の座を占めた馬祖道一《ばそどういつ》（七〇九～七八八）の有名な言葉に、「平常心是道《びょうじょうしんこれどう》」がある。これは、当たり前の日常生活を営む「心」こそ真理だという意味である。馬祖には他に「即心即仏」という語がある。

さらに後代になると、趙州従諗《じょうしゅうじゅうしん》（七七八～八九七）は、「達磨様が中国に来られた真意とは何か（＝仏法とは何か）」と問われて、「庭にある柏の木だ（庭前柏樹子）」と答え、他にも洞山守初《とうざんしゅしょ》（九一〇～九九〇）の「仏とは何か」「麻三斤《まさんぎん》」（斤は重さの単位）などといった問答も、よく知られている。

このような考え方は、いわば超越と実存の無媒介的一致（即一）を意味する。である以上それは、言語による理解の埒外であり、それを離脱した特殊な経験領域（＝「悟り」）を絶対視することになる。

時代が宋まで下ると、中国禅の教えを四句にまとめて示すようになる。それが「不立文字《ふりゅうもんじ》　教《きょう》外《げ》別伝《べつでん》　直指人心《じきしにんしん》　見性成仏《けんしょうじょうぶつ》」である。つまり、禅の教えの根本は、言語を離れた次元にあり、したがってインド伝来の経典が伝えるものとは別で、直接に真の実在である心に向かって、その本性を徹見することで成仏する、というのである。まさに上来述べてきたことを総括する文句であろう。

ここから、中国禅は独自の実践方法を創出していく。

「清規」と「公案」

中国禅における実践上の決定的転換は、修行僧が、インド・中国を問わず、それまでの僧侶に禁止されていた食料生産などの労働を行い、自給自足の共同生活を開始したことである。これは托鉢《たくはつ》や布施によって生活を維持していた従来の修行様式からの根本的な転換である。彼らのそのような修行の場を「叢林《そうりん》」と呼ぶ。

こうした実践の思想的基盤は、馬祖の「平常心是道」に示されるような、人間の現実的な実存に即一的に超越的理念が実現するというアイデアにある。もしそうなら、日常の営みそのものに「真如」「法性」などは現実化しているはずであり、その現実化を修行生活で実証すべきだということになる。

修行としての労働を「作務《さむ》」というが、これを重視した有名な語句が、馬祖の弟子である百《ひゃく》丈懐海《じょうえかい》(七四九〜八一四)の「一日不作　一日不食(一日作さざれば、一日食らわず)」である。

高齢にもかかわらず作務を止めようとしない百丈を見かねた弟子が、彼の作務道具を隠すと、彼はハンガーストライキを始める。困惑した弟子が食べない理由を問うたとき、百丈が言ったのが、この「不作不食」の語なのである。

共同生活にはすべからくルールがいる。従来はそれが「戒律」であったが、まったく新しい修行様式を発明した中国禅には「叢林」専用のルールが必要になる。これを「清規《しんぎ》」といい、中でも有名なものが百丈の制定とされる「百丈清規」である。すなわち、「清規」にしたがって生活することと自体を修行ととらえ、その営みにおいて「見性」すべきだというわけである。

このような転換は、禅定を中心としていたこれまでの仏教の修行様式を相対化する。その結果現れたのが、「話頭《わとう》」と呼ばれる主として師弟間の問答である。さらに、記録されて後世の僧侶の修行テーマになった問答は、特に「公案《こうあん》」と言われた。

「話頭」を最も重要な修行として打ち出したのが、大慧《だいえ》宗杲《そうこう》(一〇八九〜一一六三)である。彼は言う。


(生死を悟り、悟入しようというなら)但将に妄想顚倒する底の心、思量分別する底の心、生を好み死を悪む底の心、知見解会する底の心、静を欣《ねが》い閙《とう》(騒がしさ)を厭う底の心、一時に按下して(抑えつけて)、只按下の処に就いて、箇の話頭を看ぜよ。僧趙州に問う、狗子(犬)に還って仏性有りや無しや、州云く、無し。(中略)但十二時中に向かって、四威儀(行住坐臥)の内、時時に提撕《ていせい》(工夫)し、時時に覚を挙し、『狗子に還って仏性有りや無しや、州云く、無し』(の話頭)を日用を離れず、試みに此の如くに倣り工夫して看ん。(『大慧書』)

ここで彼は、一切の知的思考を排して、時々刻々、朝から晩まで公案に取り組めという。ということは、公案の提示する論理を超えた真理を、直接体験的に把握（「見性」）しなければならないのだ。

だから、公案に出てくる師弟のやりとり自体、時に怒鳴ったり（喝）、殴ったり（棒）、猫を斬り殺したり、草鞋を頭にのせてみたり、ほとんど奇矯とも言える行為に及ぶ。

この方法は、結局、ある特定の心身状態を「悟り」と称して絶対化することになる。引用文中の趙州が言う「無」は、後に最重要の公案の一つとされ（『無門関《むもんかん》』）、この「無」と一体化する経験が究極の「悟り」とされる。すなわち「無」は、大乗仏教の「空」に対して、中国禅が老荘思想を背景に案出した、独自の超越的理念なのである。

参考文献：『国訳一切経　和漢撰述部　諸宗部五・経疏部十一・史伝部十四』（以上、大東出版社）、『新国訳大蔵経　釈経論部12・13　十住毘婆沙論Ⅰ・Ⅱ』『大正新脩大蔵経　第四七巻　諸宗部四』（以上、大蔵出版）、『禅の語録1・2・4・11・17』（筑摩書房）、『鈴木大拙全集第三巻』（岩波書店）

第三部　日本——「ありのまま」から「観無常」へ

第七章　空海以前と空海の思想

ここまで、ゴータマ・ブッダから中国禅までの仏教思想を、私の独断かつ偏見的視点で串刺しにして語るという無謀な試みを続けてきたが、いよいよ日本仏教の思想を扱う前に、もう一度本書の狙いをおさらいしておきたいと思う。

私の「独断と偏見」の核心は、「自己」という存在様式以外に実存しえない人間の在り方を、「無常」「無我」「縁起」としてとらえる仏教思想の最もユニークなアイデアが、どう継承あるいは改変されたかという点にある。

私見では、このような「実存」それ自体に、「無常」でない「超越」的な存在根拠を与える思想が形而上学である。本論考は、この「実存」と「超越」の思想的関係を、ゴータマ・ブッダから道元禅師まで追跡しようというものである。

そのアウトラインを言っておくなら、ブッダによる「無常」という「実存」把握に、様々な

「超越」的理念が浸透していく過程がインドと中国の仏教思想の主流である。また、それは絶対的根拠を希求する人間の存在論的思考の傾向そのものを反映しているであろう。

ちなみに私は、思想には所詮、「無常」に踏みとどまる「仏教」と、常に文脈のどこかに何らかの「超越」的理念を設定する「仏教以外」しかないと思っている。

この観点から以下、日本列島に仏教が伝来して以降、鎌倉時代の仏教革新運動の立役者、法然、親鸞、道元に至るまでの思想を検討していきたい。

仏教以前の思想

日本列島の住人に仏教が伝来する以前の、ある程度の思想性を持つ（世界観や人間観を窺わせる）言説といえば、まず『古事記』（七一二年に編纂）を挙げることになるだろう。

思想的言説としての『古事記』の特徴は、超越的理念を一切持たないことである。本文冒頭で言う。

天地《あめつち》初メて発《おこ》りし時、高天《たかま》ノ原於《に》成りませる神ノ名は、天之御中主神《あめのみなかぬしのかみ》。次に、高御産巣日神《たかみむすひのかみ》。次に、神産巣日神《かむむすひのかみ》。

ここには、何が「天地」を「発」したのか、あるいは何が「天地」になったのかについての説明はない。つまり、人間が現に見ている天と地は、とにかく最初からそういうものとして現れたのである。同じように、神々の住地である「高天原」も「発りし」とたんに、とにかくそこにあって、神もまた、どういうわけかそこに自然に「成り」出てきたのである。それらの「存在根拠」や「発生理由」と比定しえる、いかなる理念も語られない。

さらに、『古事記』の神々は、一神教における絶対神とは性格がまるで違う。読めばわかるからここでは一々引用しないが、彼らは要するに超能力（国を産めるような）を持った人間である。喜怒哀楽に満ち、時に争い、苦悩し、睦みあい、享楽する、人間なのだ。だからこそ「天孫降臨」して、子孫は「現人神《あらひとがみ》（現神《あきつかみ》）」たる天皇となり、その天皇も終戦後に「人間宣言」ができたのである。つまり、『古事記』の神は列島の住民と血縁関係にあるとされているのである。

もう一つ。『古事記』には、「死」の解釈や意味付けがない。我々が決して経験できない「死」（経験主体がいないのだから）は、それ自体が形而上学的な観念であり、その解釈は超越的理念によって強力に基礎づけられたコンテクストにおいてなされなければならない。

ところが、『古事記』にはそれがまったくない。ということはつまり、「死」が存在しない。有名なイザナギ・イザナミの物語では、火の神を産んだことが元で死んだイザナミに会うため、死者の住む「黄泉の国」にイザナギが出かけていく場面が出てくる。ということは、現世と死後の世界とは地続きなのであって、そうだとすれば、『古事記』の死者は、「変わり果てて」いても、死んではいないのである。

このような『古事記』の特徴は、アニミズムによく見られるアイデアである。すなわち、自然発生的に成立した地縁血縁共同体の由来を説明し、内部の秩序を正当化する物語的言説になっているのだ。

地縁と血縁で共同体を組織し秩序付けるなら、特定の血筋や土地を組織原理や秩序原理として設定しなければならない。となると、共同体の安定は、特定の血筋や土地の維持にかかるから、それらが「変わらず」「そのまま」続いていくことが重要である。

また、共同体内のメンバーにとっては、そこに生まれたという事実それ自体が、彼らの存在根拠になる。血縁と地縁が共同体の原理ならば、そこに生まれた事実は、アニミズムの言説によって「原理」的に肯定されるのである。すなわち、「ありのまま」が価値なのだ。

この状況は、まったく異質な共同体の大規模な「侵入」や「征服」がない限り、根本的に変化することはない。もし「異民族」との接触がないまま変化があるとすれば、それは経済の規模拡大や構造転換が既存の共同体秩序を破壊していく場合であろうが、すでにある地縁血縁を一挙に相対化するのは、異質な共同体との抜き差しならない遭遇と共存である。それがない限り、メンバーは自分と共同体の従来の関係を変える必要もなければ、関係を明瞭に意識することもない。

異質な共同体との相克が、初めて地縁血縁とは別の、自らの「存在根拠」を設定する必要を生じさせる。これが「形而上学」成立の重要な条件である。

もし、「異民族」の進出が「渡来」と呼べるほど小規模なら、婚姻を繰り返して既存の地縁血縁共同体に回収されてしまうから、「形而上学」は無用である。おそらくは、ここに日本列島と古代ギリシャのバルカン半島で起こった思想的出来事の差異があると、私は考える。

『古事記』の神と「ギリシャ神話」の神は、その「人間性」においてよく似ている。ところが、「ギリシャ神話」の後に「ギリシャ哲学」が現れたのに対して、『古事記』の後には、列島自前のいかなる「哲学」も無かった。

列島として相対的に周辺民族から切り離されたがゆえに、地縁血縁共同体は「そのまま」機能し続けたが、半島ではそうはいかない。ヨーロッパ、アジア、アフリカの交差点のような地理的位置は、孤立していることを条件の一つとする安定的な地縁血縁共同体の持続を困難にしたのだろう。この差異が、形而上学、超越的理念の要不要を分けたのである。

ということは、後に「日本」と称されるようになった共同体では、地縁血縁を原理とする組織構成や秩序構築の持続が可能であったゆえに(アニミズムが近代国家を形成するという世界史上特異なケース)、「そのまま」「ありのまま」の「現実肯定」的アイデアが、『古事記』後の思想的言説の根底に、常に強力に作用し続けることになる。

このような思想的風土のところへ、六世紀半ばころに仏教が公式に伝来してくる。それ以前にもいわゆる渡来人の私的信仰はあったのだろうが、思想的な視点からは、公私の区別は問題ではない。注目すべきなのは、日本への伝来は、僧侶が布教目的で渡来した結果ではないという一点である。そして受容する側も、仏教の教義に感銘して信仰したわけではない。

少なくとも、伝来の公式記録に僧侶の名前はなく、『日本書紀』の記事では、当時の百済《くだら》国聖明王が欽明天皇（五〇九？〜五七一）に仏像と経典を贈ったとある。

それに対して、天皇は、

これを聞き給わって、欣喜雀躍され、使者に詔して、「自分は昔からこれまで、まだこのような妙法を聞かなかった。けれども自分一人で決定はしない」といわれた。（中略）「西の国から伝わった仏の顔は、端麗の美を備え、まだ見たこともないものである。これを祀るべきかどうか」（『日本書紀（下）全現代語訳』、宇治谷孟、講談社学術文庫）

と述べ、臣下の蘇我稲目《そがのいなめ》と物部尾輿《もののべのおこし》に仏教受容の是非を諮問する。

するとこの時点で、天皇は仏教の教義に関して自力で評価できず、彼の感銘は主に仏像の出来栄えにある。それが、祖霊として姿を現さない『古事記』的「神」よりも、有難味が大きく思えるというなら、つまり、彼は仏を「神」と同類だと理解しているのである。

これに対して、諮問された蘇我稲目は答える。

「西の国の諸国は皆礼拝しています。豊秋《とよあき》の日本だけがそれに背くべきでしょうか」（同前）

当時の先進国である中国・朝鮮半島の諸国を「西蕃《せいばん》」と言い放つ対抗的意識が、実際に当時の彼にあったかどうかはともかく、その言い分は要するに、近隣諸国も拝んでいるのだから、我が国も拝んだらよかろうという、外交レベルの考えの表明である。

物部尾輿はこれに反対して言う。

「わが帝の天下に王としておいでになるのは、常に天地《あまつやしろ》社稷《くにつやしろ》の百八十神《ももあまりやそがみ》を、春夏秋冬にお祀りされることが仕事であります。今始めて蕃神《あたしくにのかみ》（仏）を拝むことになると、恐らく国つ神の怒りをうけることになるでしょう」（同前）

つまり、外国の神（＝仏）を拝むと国の神が怒るから受け容れない方がよいという主張である。仏が神と同類に見做されていることは明白である。

このような経緯を見ると、列島における仏教受容は、当時の極東の政治的外交的な諸事情を背景に、時の為政者（俗人）の間で、『古事記』の神と同等かそれ以上の現世的利益をもたらしそうであると判断されたから、行われたのであろう。

アニミズム的信仰が、ある意味で自然と共同体を操作するテクニックだったとすると、仏教の伝来は先進文明、あるいは先進技術の伝来だったのであり、この時点で仏教の思想と実践の意味が理解され尊重されたわけではないことは、明らかだろう。

「聖徳太子」の意義

日本列島で仏教が仏教として自覚されたことを表す言説は、「聖徳太子」（五七四〜六二二）によって発せられた。その「聖徳太子」は、これまでも今も「日本仏教の父」のごとき扱いをされている。

有名な「憲法十七条」に「篤く三宝を敬へ」と定め、そして列島で著述された初の経典注釈である「三経義疏《さんぎょうぎしょ》」の作者であるとされた彼が、「父」的扱いをうけるのは、当然と言えば当然である。

ただ、現在、「聖徳太子」の実在は大いに疑われている。モデルとなる人物がいたにしても、私たちの「常識」的知識としての「聖徳太子」は、創作された偶像であるという理解が有力視され、また、「憲法十七条」や「三経義疏」も、作者は別人であるとする説は根強い。

だとしても、本論においては、そのような事情は問題にならない。本人が実在しようとしまいと、「篤く三宝を敬へ」に思想的意味は乏しく、「三経義疏」の内容も当時の大陸で行われた注釈の域を出ないことが知られており、思想構造に際立った独自性を持つものではない。

しかしながら、「聖徳太子」の言葉とされる「世間虚仮　唯仏是真」は事情が違う（彼の死後に妻が製作させた「天寿国繡帳《てんじゅこくしゅうちょう》」に織り込まれている）。

この言葉の決定的意味は、列島において、誰であろうとある人物が、仏教そのものを発見した事実を示していることである。ここにおいて仏教は、アニミズムでも文明でも技術でもなく（「唯仏」）、地縁血縁共同体（「世間」）を正当化するアニミズムから導出された「ありのままでよい」的言説を超え（「虚仮」）、一個の人間の実存の問題として捉えられている（「是真」）。

しかし「聖徳太子」以後長らく、仏教がこのような問題意識で語られることはなくなった。少なくとも、これに匹敵するインパクトとオリジナリティを持つ仏教者個人の言葉は、最澄まで現れない。

この画期的な言葉を発した人物は、おそらく当時の宮廷にあっては孤独な知識人にとどまったのであり、導入された仏教は、あくまで為政者の統治システムを正当化するイデオロギー、あるいは技術として普及したのである。

最澄の登場

周知のとおり、為政者の統治システムに組み込まれて受容された仏教は、その後政治的保護の下、「鎮護国家」の思想と実践に体系化される。したがって、仏教そのものの思想的展開には、最澄・空海の登場まで見るべきものがない。渡来僧鑑真《がんじん》（六八八～七六三）による戒律の整備、唐への留学僧が輸入した教学を基礎として成立した「南都六宗」、行基《ぎょうき》（六六八～七四九）の多方面にわたる活動、景戒《けいかい》（生没年不詳）の編集による『日本霊異記《にほんりょういき》』などは、この時期の仏教の諸様相を伝えるが、いずれも個人名と共に後世に継承されるような独創的思想を生みだしたわけではない。

しかしながら、最澄（七六六／七〜八二二）の以下の言葉は、「聖徳太子」以来久方ぶりの、日本（八世紀初頭には「日本」の名称が東アジアで定着したと思われる）における自覚的仏教者の述懐として、特筆されるべきだろう。

奈良東大寺で具足戒《ぐそくかい》を受け、国家公認の僧侶となった直後、彼は突如として比叡山入山を決意して言う。

「悠々たる三界《さんがい》は純《もは》ら苦にして安きことなく、擾々《じょうじょう》たる四生《ししょう》はただ患にして楽しからず。牟尼《むに》の日久しく隠れて、慈尊の月未だ照さず。三災の危きに近づきて、五濁の深きに没《しず》む」「伏して己が行迹《ぎょうせき》を尋ね思ふに、無戒にして竊《ひそ》かに四事の労りを受け、愚癡にしてまた四生の怨《あだ》と成る。この故に、未曾有因縁経《みぞういんねんきょう》に云く、施す者は天に生れ、受くる者は獄に入ると。（中略）明らかなるかな善悪の因果。誰の有慚《うざん》の人《にん》か、この典《のり》を信ぜざらんや」「ここにおいて、愚が中の極愚、狂《おう》が中の極狂《ごくおう》、塵禿《じんとく》の有情《うじょう》、底下《ていげ》の最澄、上は諸仏に違《い》し、中は皇法に背き、下は孝礼を闕《か》けり」（『願文』）

二十歳前後と推定される青年による、深刻な無常観と痛切極まりない内省の吐露は、ある意味、仏教者としての彼の思想的出発点と言うべきであろう。すなわち、この言葉は、「ありのままでよい」とするアニミズム的世界観と正反対の、いわば、仏教をテコとした実存の自覚（「無常」としての自己）が述べられているのであり、もはや単純な「鎮護国家」仏教の担い手とは言えない。

彼の思想的成果として有名なものの一つは、『守護国界章《しゅごこっかいしょう》』などに見られる、法相宗《ほっそうしゅう》（唯識教学を基礎とする宗派）の僧侶との「三一権実論争《さんいちごんじつ》」がある。

これは、衆生は皆、法華経の説く教えに乗じて悉く成仏し等しく悟りを得るとする「一乗」の思想を掲げる最澄と、あくまで「三乗」、すなわち「声聞《しょうもん》」「独覚《どっかく》」（共に「小乗」）「菩薩」（「大乗」）は悟りの境地に格差があり、皆が皆成仏できるわけではないと主張する、法相宗の徳一《とくいつ》（生没年不詳）との間で繰り広げられた大論争である。

論争そのものは、当時の日本における彼らの教学理解の水準を示すものと言えようが、思想的には最澄がそこで独創的パラダイムを提示しているわけではなく、涅槃経の仏性思想を導入して、自分の主張を根拠づけている。

大乗戒の導入

最澄における前代未聞の思想的独創性は、戒律についてのアイデアに示される。

一般人が仏教を学ぶ共同体（サンガ）に参加する場合、その共同体の持つルールを受け容れなければならない。そのルールが戒律である。

このとき、釈尊以来上座部仏教においては、在家の信者ではなく、正式な教団の修行者になろうとするなら、具足戒（男性は二百五十戒、女性は三百四十八戒）を教団から授けられなければならない。

大乗仏教が興起すると、その教団にも独自の戒（大乗戒）が成立する。大乗仏教は在家者の成仏を保証することが思想的テーマであるから、その戒律も具足戒とは異なり、僧俗共通の戒とされる。

したがって、大乗仏教の修行僧は、最澄以前には、具足戒を受けた上で、さらに大乗戒を受けて、正式の僧と認証されたのである。そして、この制度は基本的に国家に管理されていた。

日本の場合は、まず東大寺に国立の授戒式場（戒壇）が設けられ、後にもう二ヵ寺に建立された。出家して僧侶を志す者はすべて、これら三ヵ寺で受戒しなければならなかった。奈良時代のいわゆる「南都六宗」体制の基礎は、まさにそこにあった。

最澄が行った画期的転換は、具足戒を捨てて大乗戒のみを採用し、それによって国立戒壇とは別の大乗戒壇を創設したことであった。

> 論じて曰く、「十重四十八軽戒、以て大乗の大僧戒となす」とは、梵網経《ぼんもうきょう》に説く所なり。故に天宮師（引用者註　天台宗第四祖慧威尊者）の云く、梵網の大本に拠らば、凡そ大心を発して菩薩戒を稟《う》くるを並に出家の菩薩と名づくることあるべしと。

まさに知るべし、十重四十八軽戒、以て出家の大僧戒となすことを。（『顕戒論』）

しかしながら、この「大僧戒」は、一切衆生の受けるべき戒でもある。

謹んで梵網経の下巻を案ずるに、（中略）これ一切の仏の本源、一切の菩薩の本源、仏性の種子なり。一切の衆生皆な仏性あり。一切の意識色心、これ情、これ心、皆な仏性戒の中に入り、当当に常に因あり。（中略）これ一切衆生の戒にして本源自性清浄なりと。明らかに知んぬ、大乗の別解脱戒はこの戒最尊なることを。（同前）

この転換の意義はおよそ二つである。

第一に、大乗戒壇創設の勅許を得て、自前で僧侶を養成できるようになった結果、最澄の比叡山延暦寺僧団（天台宗）は国家管理から相対的に自立した。このことが日本仏教の特色たる「宗」派成立の基礎を築き、その後の日本仏教の多様な思想的展開を準備する。

第二に、一切衆生が成仏し得るという法華経の一乗思想を土台に、僧俗共通の大乗戒のみによる実践というアイデアを打ち出したことは、在家者の立場をより肯定的に評価して、ついには「ありのままでよい」という主張に連絡していくであろう。

この「ありのままでよい」を「ありのままが真理である」という理論に転換したのが、空海の密教思想である。それはいわば、『古事記』的アニミズムの、形而上学的理論化なのだ。

空海の密教思想

インド大乗仏教の掉尾を飾る密教、その代表的な経典『大日経』『金剛頂経』等から、その思想的核心を抽出して理論化したのは、インド人僧でも中国人僧でもなく、空海（七七四〜八三五）である。それは取りも直さず、日本において初めて、思想と実践の全体におよぶ形而上学的体系を樹立したのが空海なのだ、ということである。

密教の思想的パラダイムは、ウパニシャッド以来のインド思想である、梵我一如（宇宙の原理であるブラフマンと個人の原理であるアートマンの一致）の応用である。つまり、密教の教主として宇宙の真理を体現する大日如来と肉身の修行僧との一体化を認識し実践することが、悟りであり成仏することだと考えるのである。

三密とは、一には身密、二には語（口）密、三には心（意）密なり。法仏の三密は、甚深微《じんじんみ》細《さい》にして等覚《とうがく》・十地《じゅうじ》も見聞すること能わず、故《かるがゆえ》に密と号《い》う。一一《いちいち》の尊、等しく刹塵《せつじん》の三密を具して互相《たがい》に加入し、彼此《ひし》摂持《しょうじ》せり。衆生の三密もまた是の如し。故に三密加持と名づく。

もし真言行人有って、この義を観察して、手に印契《いんげい》を作《な》し、口に真言を誦し、心、三摩地《さんまじ》に住すれば、三密相応して加持するが故に、早く大悉地《だいしつじ》を得。（『即身成仏義《そくしんじょうぶつぎ》』）

「大悉地」とは「成就」の意味で、大日如来の境地に達すること、その境地において得られる超能力を言い、成仏と同義である。

ここでは要するに、身と口と心において、手に印契、口に真言《しんごん》、心に禅定《ぜんじょう》（三摩地）を実践すれば、そのまま成仏すると言っているのだ。したがって、この場合の成仏とは、以下のように理解される。

如来の法身と衆生の本性とは、同じくこの本来寂静《じゃくじょう》の理を得たり。然れども衆生は、覚《かく》せず知《ち》せず。故に仏、この理趣を説いて、衆生を覚悟せしめたもう。（同前）

如来の本質としての真理と衆生の本性は同じものでありながら、衆生はそれを認識できないから、如来がそれを悟らせ、修行によって成仏させようというのである。

独自の言語論

形而上学は、現に存在するものがそのように存在する根拠や原理を明らかにする思想である。ならば、この思想は、言語が意味するものを「実体」と考えなければ成り立たない。

「机」という言葉が個々様々な形態・材質の机すべてに通用するのは、その意味するものが、個々の机を机ならしめている「根拠」「本質」だからである。これを言い換えれば、現実にそこにある机の「実体」のことであり、言葉の意味はそれを表している……と、考えなければ、形而上学は成立しないのである。

空海はこのことを明瞭に自覚した上で、言語が「実体を表す」のではなく、言語が「そのまま実体」であるという、極めて独創的な言語理論を構築した。つまり、如来の言葉は何かを表すのではなく、そのものを出現させる。真理は、如来の言葉、すなわち「真言」で現実になるのである。

> 夫れ如来の説法は、必ず文字に藉《よ》る。文字の所在は、六塵《ろくじん》（引用者註　色・声・香・味・触・法）その体なり。六塵の本《ほん》は、法仏の三密、即ち是れなり。平等の三密は、法界に遍じて常恒《じょうごう》なり。（『声字実相義《しょうじじっそうぎ》』）

この文章が言いたいことは、次のようなことだろう。

如来が法を説くというとき、その言葉は、我々が認識している対象世界（「六塵」）に現実に存在している。つまり、音声とか字体として、我々は経験している。

その経験可能な対象世界の根源は、如来の身体・言葉・心の活動（「三密」）である。この三つの活動は、如来の説く真理の世界に行き渡って永遠である。

ならば、文字＝現実世界＝如来の活動という理解が成り立つ。ところが、衆生は愚かだからそれがわからない。だから、仏は声と文字を用いて、改めてそれを教示しなければならない。

名教《みょうきょう》の興りは、声字に非ざれば成ぜず。声字分明《ふんみょう》にして実相顕わる。(同前)

「名教」は如来の教え、「実相」はこの場合「真理の現れ」の意。つまり、如来の説く真理は、その声と字が明瞭であるとき、そのままこの世界に現実化するというのである。このことをサンスクリットの「阿(a)」字を例に解説する。

言語と存在の一致

空海は言う。

阿字門一切諸法本不生《ほんぷしょう》とは、凡そ三界の語言は、皆、名に依る。而して名は字に依る。故に、悉曇《しったん》の阿字もまた、衆字の母とす。当に知るべし、阿字門真実の義も、また是の如し。一切法義の中に遍ず。(『吽字義《うんじぎ》』)

「阿」字の教えとは、およそ存在するあらゆるものは、本来生じたり生じなかったりすることのない、根源的な実体として存在するのだということである。

それはあたかも、この世界の言語がすべて概念(「名」)によって成り立っていて、その概念は文字に依存しており、文字の始源が、人間が自然に口を開いて発声する最初の音「ア」(「衆字の母」)であることと同様である。

かくして、「阿」字の教えの真理もまた、存在するものすべての本質的意味として遍在する。

所以《ゆえ》は何《いかん》となれば、一切の法は衆縁《しゅえん》より生ぜざること無きを以て、縁より生ずる者は、悉く皆始《はじめ》有り、本《もと》有り。今この能生《のうしょう》の縁を観ずるに、また衆因縁より生ず。展転《ちんでん》して縁に従う、誰をかその本とせん。是の如く観察する時に、則ち本不生際《ほんぷしょうざい》を知る。是れ万法の本なり。猶し一切の語言を聞く時に、即ち是れ阿の声《しょう》を聞くが如く、是の如く一切の法の生を見る時、即ち是れ本不生際を見るなり。(同前)

これはどういうことかというと、存在するものすべては、因果関係の連鎖で生じるわけだから、必ず最初の原因があり、根源的実体がある(「悉く皆始有り、本有り」)。そのような根源的で不変の実体(「本不生際」)は、すべての言語における「阿」字の意味と同じである。このように考えるとき、すべての存在の根源的在り方、すなわち真理を認識するのだ。

もし本不生際を見る者は、是れ実の如く自心を知る。実の如く自心を知るは、即ち是れ一切智智なり。(同前)

もしこの根源的在り方を認識するなら、それは認識するもの自らの在り方（「自心」）を知るのであり、これこそが如来の絶対智なのである。

空海はここで、「阿」字と「存在の根源」を並べて比較対照し、意味的に同じようなものだと言っているのではない。両者は一致しているのだ。それこそ「阿」字の意味が「一切法義の中に遍ず」という一文の主張なのである。つまり、如来の「真言」である「阿」は世界の開闢《かいびゃく》を意味する記号（声や字）ではなく（それは我々の日常言語である）、まさにその発声や書字において、如来の世界は開闢するのである。

超越の溶解

最澄の法華一乗の思想や大乗戒壇の建立、あるいは空海の完成した密教理論は、『古事記』的アニミズムを反映、あるいは内包する「ありのまま」肯定のアイデアとは、確かに異なる。

中国への留学僧であった二人は、それぞれに当時最新の仏教思想（特に密教は最先端）を持ち帰り、それらを元に日本初の超越性の高い形而上学的思想を組み上げたのだ。

しかしながら、誰もが成仏し得るとする一乗思想、それにもとづく僧俗の区別を理論的に無意味化する大乗戒のアイデアは、「ありのまま」の肯定に理論的根拠を与え、「ありのままが真理」という思想の原型を構成するだろう。

空海の思想的核心である「即身成仏」のアイデアも、『古事記』の人的神、神的人、「現人神

（現神）」の密教版と言えないわけでもない。「神」が事情によって人と成ってこの地を統治したように、所定の修行という手続きを踏むと、その成仏が「ありのまま」に実現するのである。

先に見た仏教伝来の経緯から降《くだ》って、最澄や空海の思想を概観すると、日本においては、超越的理念が実存を根拠づけるという様相で機能するのではない。地縁血縁共同体に規定された実存が超越的理念を吸収して、「ありのまま」の中に溶解し、「ありのまま」こそが真理として超越化するように見える。さらに言えば、吸収され得る超越的理念しか受容されず、根付かないだろう。

この「ありのまま」が真理として超越的理念化する思想こそ、初めて日本オリジナルと言い得るような形而上学として現れた、「天台本覚思想」である。

参考文献：『日本思想大系1　古事記』『日本思想大系2　聖徳太子集』『日本思想大系4　最澄』（以上、岩波書店）、宇治谷孟『日本書紀（下）全現代語訳』（講談社学術文庫）、『空海コレクション2』（ちくま学芸文庫）

第八章　天台本覚思想と法然の革命

「ありのまま」の肯定

空海が理論化した「即身成仏」のアイデアは、『古事記』に内在するアニミズム的な「ありのまま」肯定の思想的傾向と親和的である。

つまり、現にいま生きている人間が「そのまま」成仏できるのだという主張は、成仏する方法の工夫によっては、「ありのまま」で仏である、という思想にまで発展する余地がある。

それはいわば、密教の持つ超越的な形而上学理論が、地縁血縁共同体における現状肯定を墨守する思想・心情的基盤に溶解すること、そして、「ありのまま」が「真理」として、超越的理念に変貌して立ち上がるということである。このいわば「ありのまま」主義の形而上学こそ、「天台本覚思想」なのだ。

イデアである。

「本覚」とは、本来の悟りという意味であり、我々衆生は、本来すでに悟っているのだとするア

最初にこの概念を論じたのは『大乗起信論』（五五〇年頃漢訳）という論書で、著者はインド僧ということになっているが、古くから中国での撰述が疑われている。

本来悟っているという意味なら、衆生には悟りを開いた如来が内在するとも言えるし（如来蔵思想）、仏になる能力、あるいは仏としての本性が備わっている（仏性思想）とも言えることになる。それを「心」と同一視すれば、衆生の煩悩の内奥に潜在する「自性清浄心」というアイデアになるであろう。

したがって、「本覚」的理論は、それ以前の大乗仏教の思想にも多々あるのであって、思想的パラダイムとしては新奇なものではない。

そして、これがまた密教思想とも馴染みがよい。「即身成仏」と言うからには、大日如来と生身の自分が本質的に同一でなければならないはずだから、これを言い換えれば、自分の中に大日如来が内在するということで、「本覚」の考え方にパラフレーズできる。

であるからして、日本で初めて「本覚」の概念を自らの理論に取り込んだのが、空海その人であったのも、腑に落ちる話である。

空海の著作には、『釈摩訶衍論《しゃくまかえんろん》』なる書物がたびたび引用される。この書は『大乗起信論』の注釈書で、竜樹作とされるが、完全な偽撰である。このうち、たとえば『秘密曼荼羅十住心論《ひみつまんだらじゅうじゅうしんろん》』に引用されるのは、

性浄本覚の体性の中には、一切の攀縁慮知《はんえんりょち》の諸の戯論《けろん》を遠離して、一味平等の義を成ずるが故に、なづけて如となす。

という一節であり、あるいは『弁顕密二教論《べんけんみつにきょうろん》』には、

一切衆生、無始よりこのかた、皆本覚ありて捨離する時なし。

の部分が引かれている。そして、自身の論述として「本覚」を形而上学的に絶対化していると見なせるのは、『金剛頂経開題《こんごうちょうきょうかいだい》』の記述である。

自他の本覚の仏は、則ち法爾《ほうに》自覚にして本来、三身四徳を具足し、無始より恒沙《ごうじゃ》の功徳を円満す。

自然自覚なり。故に先成就の本覚仏と名づく。

このような、絶対的で超越的な理念が人間に内在するという理屈は、最終的には何らかの方法(修行)で理念を現実化(成仏)することを要請している。これが「仏性」論や「如来蔵」論な

ら、現世を超えるような長い修行が必要となろうし、空海の理論が「即身」であっても、密教の様々な修法が不可欠であることに変わりはない。

ここで結論を先取りして言ってしまえば、「天台本覚思想」は、この修行の部分をほぼショートカットして、「ありのまま」で仏なのだと主張する点で、ユニークなのである。

「天台本覚思想」の形成

「天台本覚思想」（以下、本覚思想）は、比叡山延暦寺において平安時代中期から末期にかけて思想の形成と文献化が行われたと考えられている。

初期の文献には最澄の作とするものがあるが、すべて後代のもので事実ではない。他にも『往生要集《おうじょうようしゅう》』で有名な源信《げんしん》（九四二〜一〇一七）の著書とされるものがあるが、これにも偽撰説がある。

こういうことになるのは、本覚思想が最初から文献として伝わったのではなく、口伝《くでん》や秘伝として、師匠から弟子に内密に伝えられたせいである。これが文献化されたときに、権威ある指導者が作者に擬せられたのだ。

秘伝や口伝は、密教でよく見られる手法である。教説を超えた内的体験を重視する傾向は、「秘密教」を自認する密教では強まりこそすれ弱まることはない。その内容は、師匠と弟子の間のみで、秘授口伝とされるわけである。それが比叡山で流行したのは、最澄以後、比叡山が急速に密教化したせいでもあろう。

ただし、それは、本覚思想の形成に空海が直接影響を与えたということではない。つまり、誰か比叡山の学僧が空海の指導を受け、その影響下から本覚思想が生まれたという意味ではない。そうではなくて、最澄以後、比叡山には円仁《えんにん》（七九四〜八六四）・円珍《えんちん》（八一四〜八九一）が出、いずれも入唐《にっとう》し、本格的に密教を導入して、「台密《たいみつ》」と呼ばれる比叡山密教の基盤を築いた。

しかしながら、理論としては空海を超えるものはなく、その点からいうと、たとえ直接的な影響関係がなかったにしろ、密教を背景とする空海の「本覚」理論のパラダイムが、「台密」の土壌に受け入れられ、後に本覚思想として芽吹いたと言えよう。そう考えれば、日本の本覚思想の淵源はやはり空海なのである。

初期の本覚思想

最澄を作者とする本覚思想初期の文献『本理大綱集』（十二世紀中頃）には、「本覚」の語は見えない。しかし、この書は後の「天台」本覚思想を準備している。

まず、天台宗の根本経典たる法華経における久遠実成《くおんじつじょう》の釈迦如来と密教の大日如来は同じなのだと言う。

しかりといへども、密教の本仏は法華久成の本仏にあらずや。よつて一行阿闍梨《いちぎょうあじゃり》（引用者註

『大日経』の注釈者）釈して云く、『大日如来の本地身《ほんじしん》は妙法華の最深秘密の処なり。「我がこの土は毀《やぶ》れず、常に霊山《りょうぜん》にあり（引用者註　法華経の一句）」とは、これこの宗の瑜伽《ゆが》の意《こころ》なるのみ』と、云云。

このように法華思想と密教を一致させ、次にこれを衆生の「心」と接続する。まず、天台智顗の「一念三千」「十界互具《じっかいごぐ》」の思想と華厳思想の「唯心」説を結びつけた上で、この存在世界のすべての衆生は、もともと金剛界曼荼羅に登場する三十七仏なのであって、大日如来の現われだとする。ということは結局、衆生の「心（妄染《もうぜん》の法）」はそのまま大日如来の「心」と同じなのだ。だから、言う。

この故に十界の始終を尋ぬれば大日の一心なり。この悟りの前にありては心空は清浄冥寂《しょうじょうみょうじゃく》の性を顕し、迷ひの前には妄染の法と成る。妄染の法なりといへども清浄の法と名づく。故は大日の心は一なればなり。

同じく最澄著とされる『天台法華宗牛頭法門要纂《てんだいほっけしゅうごずほうもんようさん》』では、衆生の「心」と如来とが一致するという説を、「本覚」と「心性」の語を用い強調する。

しかれば煩悩も菩提もこれ我が一心の名なり。生死も涅槃もまたこれ心体を指す。（中略）

これ（故に）心性の本源は凡聖一如《ぼんしょういちにょ》にして二如なし。これを本覚如来と名づく。

衆生の心を指して、直ちに妙法の理なりと説き、心性の本覚を以て、無作《むさ》の実仏となす。

かくのごとく知見する者、則ちこれ成仏と名づく。本覚の真仏を顕すこと、ただ我が一念にあり。心性の仏体を覚らば、証を取ること須臾《しゅゆ》の間なり。

ここで注目したいのが、「無作」とか「一念」「知見」という語である。つまり修行をしなくても（「無作」）、一瞬の内に（「一念」）、自分の「心」が仏なのだとわかれば（「知見」）、即時にそのまま成仏するということだろう。すでにこの段階で「即身成仏」思想を大きく切り詰めているのである。

「ありのまま」主義の昂進

時代が下り、十三世紀前半になると、「ありのまま」を絶対的に肯定する傾向がさらに強まる。源信の名を著者に冠する『真如観』は、それ以前の論書に登場していた「本覚真如」という概念を強調している。「真如」とはこの場合「真理」を意味し、「本覚」が超越的な絶対理念であることを示している。

その上で、その「真理」がそのまま衆生に実現していると説く。

「疾《と》く仏に成らんと思ひ、必ず極楽に生《うまれ》んと思はば、我心即《すなわち》真如の理也と思べし。法界に遍ずる真如我体と思はば、即我法界にて、此外にことものと思べからず。悟れば十方法界の諸仏、一切の菩薩も、皆我が身の中に、ましますし」

「此思を成す時、万法は心が所作なりければ、万行を一心に具し、一念に一切の法をしる、此を坐道場とす。此を成正覚と云也」

「而《しかる》に真如を観ずれば、成難き仏にだにも、とく成。況や生じ易き極楽に生む事、決定《けつじょう》して疑なし」

「且《しばら》く正宗の初の（引用者註　法華経）方便品の文に、唯仏与仏、乃能究尽　諸法実相、所謂諸法如是と云文に、明《あきらか》に煩悩即菩提、生死即涅槃の道理、及一切衆生悉皆成仏と云事、明に見たり。但し諸法実相と云一句に万法真如なりと明すなり」

（引用者註　原文の片仮名遣いを平仮名に改めた）

さらには、衆生における「本覚」は「絶対的真理」であるから、それは単に衆生にとどまらず、

是の如く凡《およそ》自他身一切の有情《うじょう》皆な真如なれば則仏也。されば草木《そうもく》・瓦礫《がりやく》・山河《せんが》・大地《たいぢ》・大海・虚空、皆是真如なれば、仏にあらざる物なし。

ということにもなる。とすると、結局「本覚」による成仏は、衆生がすでに「ありのまま」で成仏していることを知っているかどうかだけの問題になるであろう。

名字即《みょうじそく》の仏とは、或《あるいは》善知識にあひ、或経巻を開き見て、真如の名をきき、我則真如なりと知《しる》を、名字即の仏と名く。

「名字即」とは、『摩訶止観』に出てくる「六即《ろくそく》」の内の一つである。仏教の真理に即応する六つの段階という意味で、要するに如来の悟りの境地に至る修行過程のことである。そのうち「名字即」は、教えの言葉を聞いたり読んだりする段階で、事実上は一番の初歩である。ところが、『真如観』はそれでもう「仏」に成れると言うのである。これはほとんど、修行無用と言うに等しい。

「ありのまま」の形而上学

それが『三十四箇事書《さんじゅうしかのことがき》』になると、「ありのまま」の絶対的肯定がさらに全面的に展開される。

円教の意は、衆生を転じて仏身と成るとは云はざるなり。衆生は衆生ながら、仏界は仏界ながら、倶に常住と覚るなり。

世間相常住と云ふは、堅固不動なるを常住と云ふにはあらず。世間とは、無常の義なり、差《しゃ》別《べつ》の義なり。無常は無常ながら、常住にして失せず、差別は差別ながら、常住にして失せず。

「常住」とはこの場合、永遠のもの、つまり「真理」や、「真理」である本覚の如来を意味する。「衆生を転じて仏身と成るとは云はざるなり」とは、まさしく「ありのまま」絶対肯定の論理であろう。だからこそ、ここでも「名字即」に言及して、

当家一流に習ひあり。名字即の位において、知識に遇ひ、頓極《とんごく》の教法を聞き、当座に即ち自身即仏と知つて、実に余求《よぐ》なきは、即ち平等大恵《だいえ》に住す。即解《そくげ》・即行《そくぎょう》・即証《そくしょう》にして、一念の頃に証を取ること、掌《たなごころ》を反《かえ》すがごとし。

と述べて、遇って、聞いて、知りさえすれば「掌を反すがごと」く成仏すると説くのである。この書の後にも、本覚思想の論書は続くが理論のパラダイムには、新しい展開はない。ここまで修行をショートカットしてしまえば、結局のところ、「そのまま」「ありのまま」が「真理」として超越化して、『古事記』に見られるアニミズム的現状肯定思想が、「日本」の形而上学に変貌するのである。

かくして「天台本覚思想」が完成期に入る頃、世上は「ありのまま」を肯定する状況ではなくなりつつあった。

律令体制は院政という鬼子を生んで次第に機能不全に陥り、地方から中央へ、武士という新興勢力が急速に勃興し、鴨長明《かものちょうめい》（一一五五〜一二一六）の『方丈記』に描かれるような天災も頻発する。さらに諸生産力の向上や貨幣の浸透など、従来の共同体の体制と秩序を大きく動揺させる力が増大していったのである。

それはすなわち、動揺する共同体がメンバーの実存を包摂しきれなくなった時代、つまり「不安な個人」が社会の前面にあらわれるようになった時代の到来を意味する。

「鎌倉新仏教」とも呼ばれるダイナミックな仏教革新運動の、先陣をきることになった法然が登場したのは、まさにこの時代であった。

浄土教の広まりと末法思想

浄土教の思想は、すでに飛鳥・奈良時代に伝来し、阿弥陀仏の造像なども行われたが、本格的な普及は、平安時代中期、「阿弥陀聖《ひじり》」と呼ばれた空也《くうや》（九〇三〜九七二）や『往生要集』の著者である源信などの影響が大きい。

空也は在家の念仏修行者として出発し、諸国を遊行しながら道路修理や架橋といった土木作業などの社会事業を行ったり、遺棄死体に阿弥陀仏称名の供養を行ったりしたと言われる。

空也は後に出家受戒したが、彼以降に多く現れた、正式な受戒をしないまま主に念仏信仰を布教する在家、あるいは半僧半俗の仏教修道者を「聖」と言う。彼はこの聖の、まさに先駆者なのである。

念仏信仰とあいまって輩出した聖の存在は、国家統制から離れて、民衆に直接布教をする宗教者の意志と、それを受け入れる民衆の時代状況があったことを示している。律令制度の形骸化や地方の騒乱（平将門・藤原純友の乱）など、時代の変動から人心が不安定になり、それまでは主として貴族社会内にとどまっていた仏教や念仏信仰が民衆にも求められ、それに応じる活動家が現れたというわけである。

『往生要集』で有名な源信は、法然以前では最も重要な浄土思想の唱導者である。彼の迫真の地獄描写はいま読んでも劇的だが、思想的に重要なのは、彼が観想念仏のみならず称名念仏の意義を認めていることである。

とりわけ「臨終行儀」を重要視し、念仏信仰者の共同体における往生の要諦として、臨終時に称名念仏を勧めていることは注目に値する。この「臨終」の発見は、「個人」の死の実存的意味をテーマとするという意味で、特筆すべきであろう。

平安貴族による摂関政治の全盛期を象徴する藤原道長も源信に深く帰依し、病苦ののち、法成寺で念仏を唱えながら逝去したと伝えられ、この時期に宮廷貴族に浸透した浄土教の強度が知られる。

さらに平安時代後期から末期、貴族による政治体制が衰退（＝院政の開始）し、地方での戦乱が続いたこの時期、仏教の末法思想の流行が重なった。

末法思想はブッダの入滅後、次第に仏教が衰微して世界が混乱に陥るという思想で、「末法」をいつ頃のことと考えるかには諸説あるが、当時の日本ではそれが一〇五二年と信じられていた。すると、これに符合するかのように、源平の戦乱、寺社勢力の武力行使（「強訴《ごうそ》」）、天災や災害（安元の大火、養和の飢饉、寿永の地震）などが続発し、さらに疫病もたび重なった。

この状況下で、個人の実存不安が、それまでの宮廷貴族のみならず、広く民衆に共有されるようになり、ここに法然の浄土思想が急速に受け容れられる土壌が用意されたのである。

法然の思想的革命

法然（一一三三〜一二一二）は出自からしてこの時代を象徴している。彼は地方豪族の子息で、九歳の時に父親を争乱によって殺害されている。

十三歳で比叡山に上り出家、学僧として「智慧第一」を謳われるが、十八歳で黒谷《くろだに》に隠棲した。その事情を、『法然上人行状絵図』は、

いづれの道よりか、このたびたしかに、生死をはなるべきといふことをあきらめむため。

と伝えている。

この黒谷での学問的な研鑽の果て、四十三歳で突如浄土教に転向し、比叡山を下山する。

悲しきかな、悲しきかな。いかがせん、いかがせん。ここに我等ごときはすでに戒定慧の三学の器にあらず。この三学の外に我が心に相応する法門ありや、我が身に堪えたる修行やあると、よろずの智者に求め、諸の学者に訪いしに、教うる人もなく、示す輩もなし。

『法然上人行状絵図』が紹介するこの言葉からは、自らの実存不安に対する鋭敏な自覚と、当時主流の仏教思想と実践方法への深い懐疑が読み取れる。けだし、法然の当時の真情も実際これに近かったであろう。

ということはつまり、彼は、とても「ありのまま」を肯定できる境地にあるわけがなく、その心情は、「ありのまま」では苦悩するばかりの時代状況と、一致していたのである。

このようにして出発した法然の浄土思想は、最終的に前代未聞の革命性を持って姿を現した。その革命性は、私が考えるに二点である。

一つは、「日本」に対する革命。

『古事記』的アニミズムを底流としつつ、まさに「ありのまま」主義的形而上学たる「天台本覚思想」が形成過程にあった思想状況において、彼はいきなりキリスト教のごとき「一神教」のパラダイムを導入したのである。これほど妥協なき超越性を主張する思想は、彼以前の日本には一つもなかった。

もう一つは、「浄土教」に対する革命。

仏教思想の骨格は、凡夫が修行して悟り、成仏して涅槃に入るというものであり、これが公式である。

従来の浄土教思想は、いずれもこの公式を認め、特に煩悩多く修行能力の低い衆生を、如来が慈悲によって成仏に導く補助手段として、浄土の教えと念仏実践を考えていた。つまり、あくまでも副次的教えだったのである。

ところが、法然はこれが仏教における最高絶対のアイデアであり、如来の真意なのだと主張したのである。これは当時、法然以外の全仏教者にとって受け容れ難い思想だったであろう。

後の数々の「法難」と呼ばれる法然とその教団への弾圧も、要因は結局、この二つの革命思想の妥協なき主張によるものである。

「一神教」的パラダイム

法然の浄土思想は実のところ極めて論理的で、念仏信仰が単純に想像させるような情緒的なものではない。

彼が「智慧第一」と称賛されながら「三学の器にあらず」と言ったのは、自分をそのような凡夫に位置付けたかったからである。

末法の「濁世《じょくせ》」にあって、衆生は皆、

又凡夫と申二の文字をば『狂酔のごとし』と、弘法大師釈し給へり。げにも凡夫の心は、物ぐるひ、さけにゑひたるがごとくして、善悪につけて、おもひさだめたる事なし。一時に煩悩百たびまじはりて、善悪みだれやすければ、いづれの行なりとも、わがちからにては行じがたし。（消息『往生浄土用心』）

という状態であり、自らもその凡夫だと認じた上で、大乗仏教が真理ならば、それが一切衆生をすべて成仏させうる教えである以上、どのような凡夫も成仏できる方法を提示できなければならない、と法然は考えるのである。つまり、彼が根本において信じているのは浄土教ではなくて、一切衆生を成仏させる、させなければならない、という大乗の思想そのものなのである。

この思想的大前提から彼が方法として導き出したのが、浄土教であり称名念仏なのだ。誰もが成仏できる方法は、誰にでも可能な方法でなくてはならない。

まさに知るべし。上の諸行等（引用者註　造像起塔、智慧高才、多聞多見など）をもって本願とせば、往生を得る者は少なく、往生せざる者は多からん。しかれば則ち、弥陀如来、法蔵比《ほうぞうび》丘《く》の昔、平等の慈悲に催されて、普《あまね》く一切を摂せんがために、造像起塔等の諸行をもつて、往生の本願としたまわず。ただ称名念仏の一行をもつて、その本願としたまえるなり。（『選択本《せんちゃくほん》願念仏集《がんねんぶつしゅう》』)

したがって、彼の考える念仏は念仏者自身の努力(自力)ではなく、必ず衆生を成仏させるという阿弥陀如来の本願(他力)によって効果が保証される。つまり、阿弥陀如来は誰でも成仏させることができるという絶対的救済力を持つ超越的存在として出現するのだ。

その絶対的救済力は、通常の教えでは救済され難い者にまで及んで初めて、その「絶対性」が実感となるのであるから、

此の宗は悪人を手本となして善人を摂するなり。聖道門(引用者註　浄土教以外の教え)は善人を手本となして悪人を摂するなり。(『三心料簡および御法語』)

という、法然版の「悪人正機説《あくにんしょうきせつ》」が主張されるのも、論理的必然であろう。

実際、救済力の「絶対性」そのものは、凡夫に認知できるわけがなく、それは自らの「凡夫性」(相対性)の根源的で際限ない自覚から、いわば反照的に感受されるほかない。「悪人」とは、その「凡夫性」、すなわち人間の「苦」としての実存状況それ自体の謂いである。

だとすると、「悪人」としての実存の把握は、「無明」や「煩悩」として状況を捉える仏教本来のアイデアよりも、「原罪」の考え方に近く、極めて「一神教」的であろう。

このような救済の「絶対性」について、これを中国浄土教と比較して考えてみる。中国におい

ては、あくまで「難行／易行」の対比の埒内で、修行する能力に乏しく機根に劣る者をも最終的には阿弥陀如来が救済するという、いわば結果としての「絶対性」が説かれる。それに対して、法然の場合には、「難行」「易行」は問題にならず、機根の優劣も度外視して、「平等の慈悲」のゆえに「普く一切を摂せん」という、如来の無条件的な救済意志が貫徹されるのであり、その「絶対性」は、結果ではなく、前提中の大前提なのである。

法然以後、「難行／易行」の対比に換えて「自力／他力」が強調され、かつ「他力」の意味が熱烈に主張されるのは、「絶対性」についての観点が、法然以前と以後では大きく異なるからである。

「日本」との断絶

このような「一神教」的パラダイムは、「ありのまま」肯定の思想傾向とは相容れない。特に「ありのまま」を規定する共同体秩序の埒内に収まらない。

現世をすぐべき様は、念仏の申されん様にすぐべし。念仏のさまたげになりぬべくば、なになりともよろづをいとひすてて、これをとどむべし。いはく、ひじりで申されずば、めをまうけて申すべし。妻をまうけて申されずば、ひじりにて申すべし。住所にて申されずば、流行《るぎょう》して申すべし。流行して申されずば、家にゐて申すべし。自力の衣食にて申されずば、他人にたすけられて申すべし。他人にたすけられて申されずば、自力の衣食にて申すべし。一人して申されずば、同朋とともに申すべし。共行《ぐぎょう》して申されずば、一人籠居して申すべし。(『禅勝房伝説の御詞』)

要するに最優先すべきは念仏なのであって、個々の生活状態などは一切眼中にないのである。このような態度は、身分の無視に及ぶ。

述所、まことに罪障かろからず。酬報又はかりがたし。過去の宿業によって、今生の悪身を得たり。現在の悪因にこたへて、当来の悪果を感ぜん事疑なし。若此のわざの外に渡世の計略あらば、速に此悪縁を離べし。たとひよの計略なしといふ共、身命を顧みざる志あらば、又此業を捨つべし。若又余の計略もなし、身命を捨る志もなくば、ただその身ながら専念仏すべきなり。弥陀如来汝がごときの罪人の為に、弘誓をたて給へる其中に、女人往生の願あり。然則女人はこれ往生の本願の正機なり。(『室の津の遊女に示されける御詞』)

当時の遊女に対するこの説示は、先駆的な女性救済の意志に加え、阿弥陀如来の絶対的救済力が身分や職業の貴賤をはるかに超えることを物語っている。この態度は、法然の論争相手であった、栂尾《とがのお》上人明恵のこの言葉と比較すれば、違いが顕著であろう。

人は阿留辺幾夜宇和《あるべきやうわ》と云七文字を持《たも》つべきなり。僧は僧のあるべき様、俗は俗のあるべき様なり、乃至帝王は帝王のあるべき様、臣下は臣下のあるべき様なり。此あるべき様を背く故に、一切悪きなり。（『栂尾明恵上人遺訓』）

「あるべき様」にあるとは、共同体秩序が規定する通り「ありのまま」にあるという意味である。とすれば、法然の考え方が、当時の「公序良俗」に反するものとして、激しい非難を浴びたことは当然であろう。

浄土教の革命

法然の思想の先鋭さを最も強く示すのが、念仏の位置づけを従来とはまったく異なる水準に押し上げたことである。

彼は、念仏による往生が、唯一かつ最高の成仏の道であると言い切った。

今この経（引用者註『無量寿経』）の中の一向もまた然なり。もし念仏の外にまた余行を加えば、即ち一向にあらず。（中略）既に先に余行を説くといえども、後に一向専念と云う。明らかに知んぬ。諸行を廃して、ただ念仏を用いるが故に一向と云う。（『選択本願念仏集』）

本願の念仏には、ひとりだちをさせて助をさゝぬ也。助さす程の人は、極楽の辺地にむまる。すけと申すは、智慧をも助にさし、持戒をもすけにさし、道心をも助にさし、慈悲をもすけにさす也。それに善人は善人ながら念仏し、悪人は悪人ながら念仏して、たゞむまれつきのまゝにて念仏する人を、念仏にすけさゝぬとは申す也。さりながらも、悪をあらためて善人となりて念仏せん人は、ほとけの御心にかなふべし。(『禅勝房伝説の御詞』)

「諸行を廃して」「一向専念」することが必須であり、念仏を「ひとりだち」させて、他の「すけ」の行を顧みないことが、「ほとけの御心にかなふ」と断言するとき、もはや他の仏教思想や教団と妥協する余地はなくなってしまう。そのことは、

釈迦・弥陀および十方おのおの恒沙等の諸仏、同心に念仏一行を選択したもう。(『選択本願念仏集』)

すべての如来は「念仏一行を選択」という、この確信に表明されている。

古代から「天台本覚思想」まで綿々と続いてきた「ありのまま」主義的思想傾向は、法然の「一神教」パラダイムの導入で、重大な画期を迎えた。

しかしながら、「ヤハウェ」系一神教と比較して、法然のアイデアには決定的な相違点がある。それは「審判」の不在である。

法然の思想では、念仏しさえすれば「誰でも」成仏し、救済されるということになる。すると、死後に漏れなく来世で絶対的に救済されるなら、生前現世では「ありのまま」でよいではないか、という発想が現れてくることが予想される。

この思想的超越性の脱色が、鎌倉期の仏教運動が終息したのち、急激に進むことになるのだが、そのことは本論考の扱う時代以降のことである。

次章は、法然とは位相を異にする思想で超越性と対峙し、「ありのまま」主義を超克した、親鸞と道元を考えたい。

参考文献：『日本思想大系9　天台本覚論』『日本古典文学大系83　仮名法語集』（以上、岩波書店）、『法然全集』（春秋社）、『法然上人全集』（平楽寺書店）

第九章　親鸞と道元の挑戦

「ありのまま」主義の超克

これまでの論考で私は、ゴータマ・ブッダの最もユニークで根本的な教えを、無常・無我・無記・縁起などのアイデアに見て、これを我々の実存を語るキータームとして捉えてきた。そして、彼の後、明確には上座部の教学以後、無常や無我とは相反する実体論的思考や超越的理念が、どうブッダの教えに導入されていったかを略述した。

この観点からインド・中国の仏教諸思想を検討して、本論考は日本列島における共同体「日本」の仏教に至った。

「日本」産思想の特色は、『古事記』以来、実体論や超越的理念を核心とする形而上学的思考を必要としない態度が通底していることである。その思想的な基軸は、地縁血縁を基盤として構成された、共同体の現状維持を目的とする「ありのまま」肯定主義ともいうべきアイデアである。

前章までは、この「日本」的思想風土において、仏教がどう機能してきたかを見てきた。それは結局、「日本」においては、「ありのまま」主義に資する限りにおいて、あるいは「ありのまま」主義が許容する限りにおいて、仏教に引き込まれた超越的理念が機能したということである(典型が天台本覚思想)。

その最初の突破は、いきなり一神教的パラダイムの浄土教を持ち込んだ法然の革命であったが、これはまさに「日本」と直接衝突する考え方である。「法難」は当然であろう。

では、「ありのまま」主義を突破する、他の思想はありえなかったか?

そもそも、上述したゴータマ・ブッダの根本思想は、形而上学的な思想と相容れないばかりか、「ありのまま」も肯定しない(「ありのまま」自体が無常では「ありのままでよい」にはならない)。

ところが、それと同時に、「ありのまま」主義の思想風土は、本来形而上学を必要としなかった。ならば、超越的理念や実体論的思想と正面から対決した上でそれを解体し、無常・無我・無記・縁起の思想を確保する言説が、「日本」に現れる可能性も必然性もあるはずである。

その言説こそ、親鸞(一一七三〜一二六二)と道元(一二〇〇〜一二五三)の思想と実践であり、いわば「日本」における形而「上」学ならぬ形而「外」学であり、ゴータマ・ブッダの根本思想をそれぞれの方法で捉え直したのだと、私は考えている。

私の無謀な企てで始まった仏教思想の物語は、この二人の言説の検討で、ひとまず落着する。

法然と親鸞、その非連続

本論考で私は、法然に帰依する以前の親鸞に触れず、彼に対する法然の影響に関説しない。注目するのは法然との連続ではなくて非連続である。私は、この非連続はあくまで非連続なのであって、巷間言われているように親鸞は法然の思想を「発展」させたわけでも「深化」させたわけでもない、と考える。二人は問題設定とパースペクティブが異なるのだ。

親鸞は法然の紛れもない高弟であり、師の浄土思想の敬虔な継承者であるという自覚があったに違いない。

しかし、彼らにおいては、中国伝来の浄土教に対する態度の取り方が決定的に違う。法然の場合、浄土教帰依の大前提は、大乗仏教が一切衆生を成仏させる（＝救済する）教えだ、ということである。『選択本願念仏集』に結実した彼の思想は、この大前提の承認、あるいは確信からの論理的帰結である。

有名な親鸞の「悪人正機説」も法然由来とされるが、法然の「悪人」は人間一般の実存の言い換えであり、である以上、論理的には、人間たる法然本人も自身を「悪人」に位置づけていたに違いない。

が、しかし、比叡山で「智慧第一」と呼ばれ、生涯戒律を厳格に護持したとされる彼は、「悪人」として生きていたわけではない。つまり、法然の「悪人」は思想の問題であって、実存の問題ではない。

親鸞は事情が違う。彼の「悪人」は、まず第一に親鸞自身の実存の問題であった。

照らし出される「悪人」

たとえば、このような述懐はひとつの典型である。

悲しきかな愚禿鸞、愛欲の広海に沈没《ちんもち》し、名利の太山《たいせん》に迷惑して、定聚《じょうじゅ》の数に入ることを喜ばず、真証の証《さとり》に近づくことを快《たの》しまざることを、恥づべし傷《いた》むべし。(『教行信証』「信」巻)

この一節の前半は、妻帯に踏み切り、「僧にあらず俗にあらず」と言い、「愚禿《ぐとく》」と自称した彼の胸中をよく表している。

しかし、私は彼のいわゆる「女犯《にょぼん》」「妻帯」が、彼の「悪人」の自覚の核心にあるとは思えない。当時すでにそのような「無戒」「破戒」の僧侶は蔓延していた。彼はそのような僧侶の同類という意味で「悪人」を自覚していたのだろうか。私は違うと考える。

有名な六角堂の夢告（救世《ぐぜ》観音が身代わりとなって親鸞に「女犯」させようとした夢）を受けたという話は、彼がこの問題に極めて意志的に取り組んでいたことを物語るものであり、当時の「無戒」「破戒」僧の偽善への挑戦である。つまり、彼の「僧にあらず俗にあらず」は、「無戒」

「破戒」とは一線を画す態度であろう。

さらにその後、法然門下に入ってから妻帯したとなれば、その行為は確信犯的であり、彼は妻帯が法然の教えに致命的に背反し、阿弥陀如来の本願による救済から漏れる行為だとは、考えていなかったと言うべきである。

だとすると、彼の妻帯は「悪人」の一部ではあるが、全体でも核心でもない。

問題は引用文の後半である。すなわち、極楽往生して最後に成仏すると定まった者になったことを喜ばず、真理である浄土の教えの悟りに近づくことも快く思わない、という感慨である。同じような言葉は、彼の仏教讃歌（和讃）にもある。

> 浄土真宗に帰すれども　真実の心はありがたし　虚仮不実のわが身にて　清浄の心もさらになし。（『正像末和讃《しょうぞうまつわさん》』）

このような言説は、親鸞自身と浄土の教えとの間にある、深淵ともいうべき裂け目を表現している。『歎異抄』を引きながら、さらに具体的に見ておこう。

『歎異抄』の言葉

まず挙げたいのは、この驚くべき一文である。

念仏は、まことに浄土にむまるゝたねにてやはんべるらん、また地獄におつべき業にてやはんべるらん、惣じてもて存知せざるなり。たとひ法然聖人にすかされまひらせて、念仏して地獄におちたりとも、さらに後悔すべからずさふらふ。

要するにこれは、自分は念仏往生に確信は持てないが、師である法然の教えに賭けている、他に術がないのだ、ということである。しかもこの言葉は、実に親鸞の晩年、八十三、四歳頃のものと推察されているのだ。この言い方は、どう見ても、絶対的救済者と無力な信仰者という一神教的パラダイムを素直に前提としてきた者の態度ではない。

さらに、弟子の唯円《ゆいえん》が、念仏していても大して喜びはないし、往生したい気持ちにもならないと言うと、

親鸞もこの不審ありつるに、唯円房おなじこゝろにてありけり。(中略)よろこぶべきこゝろをさへて、よろこばせざるは煩悩の所為なり。しかるに仏かねてしろしめして、煩悩具足の凡夫とおほせられたることなれば、他力の悲願は、かくのごときのわれらがためなりけりとしられて、いよ〱たのもしくおぼゆるなり。

親鸞も唯円とまったく同じ気持ちなのだと述べ、そのような凡夫だからこそ、阿弥陀如来の本

願の力で救われるのだと諭す。つまり、ここでも教えと自分の間に食い違いがあることを認め、その解決は本願の力への信頼に託す。だから、

弥陀の五劫思惟《ごこうしゆい》の願をよくよく案ずれば、ひとへに親鸞一人がためなりけり。

ということになる。

すると、問題の核心は阿弥陀如来の「本願」の力を信じることができるかどうか、ということにかかるだろう。では、自身と浄土の教えの間の深淵を認めながら、なお「信じる」とはどういう行為なのかが問われざるを得ない。

そもそも「深淵」を持つ人間は、まともに「信じる」ことなどできない。それでも「信じる」ことが可能なら、それは自分の力ではなく、他者の力によって「信じさせられる」ことによってである。

それ以《おもん》みれば、信楽《しんぎょう》を獲得《ぎゃくとく》することは如来選択の願心より発起す。真心を開闡《かいせん》することは、大聖（釈尊）矜哀《こうあい》の善巧より顕彰せり。（『教行信証』「信」巻）

信じることが可能になり、また真実の心を開くことができるのも、すべて阿弥陀如来の力によってだと、親鸞はいう。これが彼の「他力」というアイデアなのだ。

ということは、無邪気に「念仏すれば必ず往生できる」と信じる者は、その意識が「自力」の内にとどまり、「他力」に依らない。すなわち、「信じる者は救われる」という因果関係を前提にするなら、結局それは努力と成果の取り引きなのであり、阿弥陀如来の本願の力を疑うことになる。

しかし、ここまで「信じる」行為を問うなら、次に出てくる問題は、自分の「信じる」行為が、正しく如来の力でなされているものだと、どうしてわかるのかということである。

わかるはずがない。実際は、如来の力によって自分は信じているのだと、そう「信じる」に過ぎない。すると、「信じる」ことへの問いは無限遡及に陥る。

親鸞において、「信じる」行為それ自体が主題化してくる必然性はここにある。そして、主題化してしまった以上は、もはやそれは単純に「信じる」行為を不可能にするだろう。「信じるとは何か」と問う人間が、同時に「信じる」ことは不可能である。

親鸞と浄土教との間の深淵は、この「信じる」行為への問い、すなわち、その時点で「信じる」ことができなくなっている事態にある。けだし、彼の言う「悪人」とは、この「信じることができない」実存の根源的危機のことなのだ。

「信」への問いと『教行信証』

親鸞は法然を信じていた（＝賭けていた）。しかし、彼の教え自体を「信じる」ことはできない（問いを発してしまっている）。そのようなことが起こり得るのだろうか。

起こり得ると、私は考える。相手の言い分に疑念を持ちながら、あえてその人物を「信じる」（＝賭ける）ことは、世間でも別に珍しいことではない（リスクが極めて高いのに）。が、しかし、これが念仏往生の教えの場合だと、議論の水準が異なる。信じないまま念仏するということになると、それは偽りの念仏であり、阿弥陀如来に対する背反であり、ひいては教えを冒瀆する行為であろう。これは、仏教における根源的な悪業、罪である。親鸞の実存としての「悪人」の自覚は、ここにおいてなされる。


私は、『教行信証』という書物のテーマは、最終的にこの「悪人」問題に収斂すると思う。

如来の本願を信じられない「悪人」でも、果たして往生は可能なのか？

親鸞はそれを問うのだ。

「信じる」行為そのものが先鋭に主題化されていることは、書名を見ても一目瞭然である。『教行信証』は、正式な題名を『顕浄土真実教行証文類《けんじょうどしんじつきょうぎょうしょうもんるい》』（浄土教という真実の教え・修行・悟りを明らかにする文章の集成）という。ここに「信」の文字はない。「信」があるのは、中身の章立てにおいてである。そもそも本来の仏教用語としては「教行証」だけで完結しているのだ。

親鸞は題名ではそうしながら、本文では「行」の巻の後に「信」を位置づけている。この場合の「行」は称名念仏のことであり、その「行」の根拠として「信」を問うているのだ。

しかし、普通に考えれば、「信」じていることは、「教行証」の前提のはずである。親鸞は、その前提を外したのだ。彼にとっての「信」は、簡単に前提とできるような問題ではない。

弥陀仏の本願念仏は　邪見驕慢の悪衆生　信楽受持《しんぎょうじゅじ》すること甚だ以て難し　難の中の難、これに過ぎたるはなし。（「正信念仏偈《しょうしんねんぶつげ》」）

この文章にある「信楽受持」することが困難な「邪見驕慢の悪衆生」こそ、親鸞の自覚する「悪人」なのであり、『教行信証』という書物の根本的な主題になっているのである。

しかも、法然や道元など、同期の他の祖師の著作と比べてこの書物が極めて異例なのは、ほぼ全編が経典・論書からの引用文でできていて、ところどころに親鸞本人のコメントが挟まっているに過ぎないという、特異な構成である。

これははたして親鸞の「著作」と言えるものか？

「著作」である必要はなかったのだと、私は思う。親鸞にとって第一に重要だったのは、「信」の支えとなる「証拠文献」を集めることだったのであり、それをコメントで解釈しながら編集し、あくまで結果として、彼なりの「信」思想として提示できればよかったのだ。では、「信」の主題化は、親鸞をどこに導いていったのか。

『教行信証』の核心

親鸞は『教行信証』の「教」の巻で、こういう。

それ真実の教を顕さば、則ち大無量寿経これなり。

と、浄土三部経のうち『無量寿経』を真実の経典だと冒頭の巻で言いながら、「信」の巻において大規模に引用されているのは『涅槃経』なのである。この不均衡をどう考えるか。

『無量寿経』こそ、阿弥陀如来の「本願」のアイデアを示す、浄土思想の基盤となる経典であることは疑いない。ただ、この経典では、一切衆生を往生させるはずの如来の本願から外れる人間が挙げられている。すなわち、五逆罪と謗法を犯した者である。

五逆罪とは、父母の殺害、阿羅漢の殺害、如来への傷害、僧団の分裂工作、謗法とは文字通り如来の教法を誹謗中傷することである。これらを犯した者は救済されないと、『無量寿経』は言う。もし、「信じていない」者の念仏を「謗法」と考えるなら、「信」を問う親鸞も往生できないことになる。とすれば、一切衆生を往生させ成仏させることにならない。

この矛盾は、『観無量寿経』になると、五逆については解消される。この経典では、五逆は救うが謗法は駄目だと言うのだ。

では、残った謗法はどうなのか。第六章で詳述したように中国浄土教の大成者である善導は、『観無量寿経』の注釈で、謗法への厳格な態度は、それを事前に抑止するためであり、もし実際に侵犯しても、結局は救済されると主張する。

しかし、善導の説は善導の説であり、経典上に根拠のある話ではない。親鸞が『涅槃経』に注目したのは、この謗法の者の救済を巡ってなのである。
『涅槃経』は、有名な「一切衆生悉有仏性《いっさいしゅじょうしつうぶっしょう》」の思想を説く経典である。つまり、すべての衆生に成仏の可能性はあるのだ、というアイデアである。「一切衆生」と言うなら、謗法の者も含まれるはずである。

この点、親鸞に引用された『涅槃経』の部分には、五逆、謗法、そもそも善根（善行を行う能力）を断たれた者（一闡提《いっせんだい》）は、声聞・縁覚など「小乗」聖者や、大乗の菩薩では救えない、という趣旨が述べられる。ということは、言外に「大乗」の如来なら可能である、と聞こえる話である。

その上で、続く親鸞の引用部分を見ると、それがアジャータシャトルの物語なのである。アジャータシャトルは父を殺害して王位についた、五逆に当たる大罪人である。彼はその報いで深刻な病気に苦しみ、ついに主治医を通じて釈尊に帰依して、最後は救われる。ここでも、五逆罪は救済されるわけである。では、残る「謗法」の問題はこの物語の中でどうなるのか。

ここで重要なのは、物語が、アジャータシャトルはデーヴァダッタに唆されて父王を殺害した、と述べていることである。デーヴァダッタは釈尊の従兄弟で、釈尊の教団を簒奪しようとし、釈尊殺害まで企て、のみならず、それを止めようとした女性の修行僧を殴殺したとされる人物である。彼自身が五逆罪を三つ犯しているのだ。

だとすると、考えられるのは、教団簒奪と釈尊殺害を狙った人物と交際し、その教唆によって父を殺害した行為を、「謗法」と捉えることである。

もしこの「謗法」も成仏を妨げないというなら、往生も妨げないだろう。アジャータシャトルの成仏が可能なら、「信じることができない」者の念仏という「謗法」的行為でも往生は可能だと言えないか——親鸞の『涅槃経』への思い入れは、このような解釈に由来すると、私は考える。

仏教の突破

「謗法」問題をかくのごとく解決したとするなら、親鸞の「信」への最後の問いは、次のようになるだろう。

「信じることができない」人間の念仏でも阿弥陀如来の本願による往生は可能だとしても、では、その念仏はどのように実行されるのか。阿弥陀の本願によって、「信じることができない」まま行う念仏とは、実際どういうものなのか。

それは「信じる」行為そのものを脱落してしまうことによって行う念仏である。真に「他力」によるというなら、「信じる」「念仏する」行為に澱のように残らざるを得ない「自力」を、「信じる」行為もろともに捨て去らねばならない。このとき、「信じない」行為も同時に無効になる。「信じる」行為は、「誰か」が「何か」を「信じる」という構造でしか発現しない。すると、その脱落は「信じる」主体を放棄し、「信じられる」対象（阿弥陀如来と極楽）を消去するだろう。このとき、念仏はただの音声、意味を理解する必要のない発音の連続になるのだ。この事情を語る文章を『末燈鈔《まっとうしょう》』に読み取ることができる。

自然《じねん》といふは、自はをのづからといふ。行者のはからひにあらず、然といふはしからしむといふことばなり。しからしむといふは行者のはからひにあらず、如来のちかひにてあるがゆへに法爾《ほうに》といふ。（中略）（阿弥陀仏の）ちかひのやうは、无《む》（無）上仏《じょうぶつ》にならしめんとちかひたまへるなり。无上仏とまふすは、かたちもなくまします。かたちのましまさぬゆへに自然とはまふすなり。かたちましますとしめすときには、无上涅槃とはまふさず。かたちもましまさぬやうをしらせんとて、はじめて弥陀仏とまふす、とぞききならひてさふらふ。弥陀仏は自然のやうをしらせんれうなり。（『末燈鈔』）

これは有名な「自然法爾」を語る部分である。

前半では、「自然」とは、意志的な、あるいは目的に向かう行為（「はからひ」）のない、自動的行為であると言う。その自動的行為の駆動力が「如来のちかひ」（＝本願）なのである。「法爾」は、「自然」な行為の結果として実現する状況を指す。

すると、これは「信じる」行為の断念を意味し、「信じる主体／信じられる対象」の実体的存在を前提とする超越論的パラダイムを破壊する。

後半で、阿弥陀如来は念仏者を「无上仏」として成仏させようとしていて、その「无上仏」は「かたちもなく」存在すると言うのは、このパラダイム破壊のゆえである。「かたち」があるなら、そこに「かたち」の認識があるはずで、それは「自力」だろうから、「无上」とは言えない。「无上」であり得るのは、「自然」という存在の仕方ゆえなのだ――とすれば、超越的実体として存在する阿弥陀如来などは認めがたい話になるだろう。

だから、続けて親鸞は前代未聞の発言をする。これまで我々が信じてきた阿弥陀如来は、この「自然」という存在の仕方を教えるための手段（「れう」）にすぎない、と。

かくして、「信じる」主体も「信じられる」対象も消失すれば、念仏も意味を喪失するのは当然の成り行きである。

『宝号経』にのたまはく、弥陀の本願は行にあらず、善にあらず、たゞ仏号をたもつなり。名号はこれ善なり、行なり。行といふは、善をするについていふことばなり。本願はもとより仏の御約束とこゝろえぬるには、善にあらず、行にあらざるなり。かるがゆへに他力とはまふすなり。（同前）

この文章は、阿弥陀如来の本願が意図する念仏は、人々の修行でも、善行でもなく、ただ仏の名前を唱え続けることであると言う。通常の善を行うという意味の念仏は必要ないのだ。ということは、残るのは「ナ・ム・ア・ミ・ダ・ブ・ツ」の発声行為のみである。

事ここに至って言えることは、親鸞のアイデアは、かろうじて「仏教」の範疇に留まっていた法然の浄土教思想を突破し、それが内包する超越的理念（阿弥陀如来と極楽）を、悉く「念仏」という行為に落とし込み、消去してしまったのである。

親鸞に結実した思想は、人間という「無常」の実存を、超越的理念によって根拠付ける形而上学ではない。むしろ、「無意味」な念仏、すなわちそれ自体「無常」な称名行為において自覚的に受容するという、形而「外」学である。そのような彼の登場は、もともと形而上学を持たなかった「日本」の思想風土においてこそ可能だった、と私は考える。

では、仏教を突破する方法とは別に、たとえば無常・無我・無記・縁起など、釈尊の根本思想への回帰を直接意志して、形而「外」学を構築した者はいないのか。

私は、それこそが道元だと思う。

「観無常」の思想

道元は、自らの出自や出家の事情などを、ほとんどまったく語っていない。わずかの例外が、以下である。

我、初めてまさに無常によりて、聊《いささ》か道心を発し……。(『正法眼蔵随聞記』)

仏道を志したのは、「無常によりて」であると言う。これがバイオグラフィー的に何を意味するのかはわからないが、道元の出家において「無常」という教えが切実なテーマであったことは間違いないだろう。このことは、修行者の心得を教示した彼の著書に如実に、また決定的に述べられている。

右、菩提心は、多名一心なり。竜樹祖師の曰く、唯、世間の生滅無常を観ずるの心も亦菩提心と名（付）くと。然《しか》れば乃《すなわ》ち暫くこの心に依つて、菩提心と為すべきものか。（『学道用心集』）

「菩提心」とは一般的には「悟りを求める心」「悟りの心」と解釈されるが、道元はそれを、様々に呼称されているが、根本の意味は一つで、それは「世間の生滅無常を観ずるの心」だと言う。

しかも、それを竜樹の言葉だと言うが、道元が述べる通りの言葉を、竜樹の著作に直接見ることはできない。つまり、これは彼の竜樹解釈から出ている言葉なのである。

さらに、「暫くこの心に依つて、菩提心と為すべきものか」とは、色々と考え方はあるだろうが、自分は当面、菩提心を「無常を観ずるの心」だと解釈する、という意味だろう。すなわち、道元の思想と実践の核心には「観無常」があるのであり、そこから一切を導くべきなのである。ならば、その言説が「絶対者」的実体や超越的理念を排除にかかるのは見やすい道理である。

たとえば、道元が修学先の比叡山を去ったのは、「本来本法性《ほんらいほんぽっしょう》　天然自性身《てんねんじしょうしん》」という教えに疑問を持ち、それが山内では解決しなかったからだと、後世の伝記は語っている。

そんなはずはない。疑問を持ったのではなく、この教えは駄目だと結論したから、彼は下山したのだ。

「本来本法性　天然自性身」とは、要するに、我々は本来悟っているのであり、この身がそのまま真理の存在なのだ、という「天台本覚思想」を端的に示す文句である。これに対する疑念は、道元以前に検討され、そもそも「天台本覚思想」の論書にまで取り込まれている。道元ほどの英才が、この程度の問題に煩悶するはずがない。

「観無常」でスタートした、あるいはすべきだと考える者が、「ありのまま主義」的形而上学を棄却するのは当然で、ということは、空海の「即身成仏」理論とも、基本的には相容れないだろう。けだし、最終的に道元の言説は、空海への最も鮮明かつ精鋭な対抗思想である。

「身心脱落」の修行

道元は二十四歳からおよそ四年間、中国・南宋に渡って遍歴修行するが、当時隆盛を極めていた「見性」を標榜する中国禅からほとんどまったく思想的な影響を受けていない。「天台本覚思想」の拒否のごとく、修学の最初から超越的理念を排除する彼が「見性」のようなアイデアを許容するはずがない。

私は、道元が、何も知らない人間が何かを学びに留学したように、南宋まで行ったのではないと考えている。彼には、渡宋以前に、後に大規模に展開される思想の基本的枠組みが出来上がっていたのであり、その正当性を立証するために、留学したのだ。

だからこそ在宋中、道元は容赦ない取捨選択を行う。当時それなりに名のあった住職クラスの

「見性」系禅僧を、ほとんど一顧だにしていない。

彼が注目して言及しているのは、「典座《てんぞ》」と呼ばれる台所係の修行僧である。あるとき、道元は炎天下に「苔」（海苔の類か）を干していた老齢の典座と次のような問答をする。その汗にまみれた作業を見て彼は年齢を問う。すると、

座云く、六十八歳なり。山僧（道元）云く、如何が行者《あんじゃ》・人工《にんく》を使わざる。座云く、他は是れ吾にあらず。山僧云く、老人家《ろうにんけ》、如法《にょほう》なり。天日《てんじつ》且つ恁《かく》のごとく熱し。如何《いか》んが恁地《いんち》にする。座云く、更に何れの時をか待たん。山僧便ち休す。（『典座教訓』）

重労働をする老僧に、どうして部下や下働きの者に作業をさせないのかと道元が問うと、老典座は「それでは自分がやったことにならない」と即答する。さらに、なぜこんな炎天下にするのかと言うと、「では、いつすればよいと言うのだ」と返され、道元は絶句したのだ。

この問答でわかるのは、修行僧としての道元の具体的・日常的な行為・修行への並々ならぬ注目である。私は、老典座の作業の様子は事実であったと思うが、彼との問答は道元の創作である可能性があるとさえ思う。別の典座との問答も記録されているが、高僧クラスはほぼ無視なのに比べて、それも聊か出来すぎの感がある。

他にも典座を含む諸々の役目を務めていた過去の修行僧に関するエピソードを紹介する著作がある上、それればかりではない。道元には、「清規」と呼ばれる禅道場の日常生活や仕事の仕方

（「作法」）を詳述し、その意義を強調する文章が多数ある。

実際、調理や食事のみならず、洗面・排泄・入浴の生活作法にまで言及する書物は、彼以前にはないのだ。つまりここには、修行僧の行う日常的行為や作業そのものを、仏教的に意味付けようとする彼の強い意志があるのだ。

道元が師と仰いだ天童如浄《てんどうにょじょう》（一一六二〜一二二八）も宋朝の禅僧としては異色と言える。彼は思想的には、道元の残した師との対話メモ（『宝慶記』）から察するに、非常にオーソドックスな天台教学に依拠していたと思われる。いわゆる「見性」系の禅者ではなかった。

道元が感動を以て書き残しているのは、如浄の苛烈な坐禅修行の実際であった。如浄は道元にこう言ったという。


参禅は身心脱落《しんじんとつらく》なり。焼香・礼拝・念仏・修懺《しゅさん》・看経《かんきん》を用ひず。祗管《しかん》に打坐《たざ》するのみ。（『宝慶記』）

前半の文句はとりあえず置くとして、後半で強調するのは、ただ（「祗管に」）坐禅することこそが、修行の核心だという主張であり、それ以上でも以下でもない（如浄門下が実際に坐禅以外何もしていなかったという証拠はない）。そのただ坐禅することの意味を、前半で「身心脱落」と言う。

ここで重要なのは、如浄自身の語録に「身心脱落」は無いということである。あるのは「心塵脱落」の語である。

実は、前記の引用部分の続きで、如浄は坐禅で五欲・五蓋《ごがい》などの煩悩を除くことの重要性を説く。この天台的な教示は「心塵脱落」の文句と矛盾しない。が、「身心脱落」はそうではない。

以後、道元は「身心脱落」を自著の要所で使用するようになるが、それは明らかに「心塵脱落」の意味とは違う。思うに、道元は「身心」と「心塵」を意図的に読み替え、自分の思想的言語に仕立て直しているのだ。

では、その場合の「身心」とは何か。結論を先取りして言うなら、自意識を持って実存する日常的な「自己」の在り方のことだと、私は思う。日常的な「自己」の在り方とは、「自分がいる」という確信、言い換えれば、「自己」が根拠を持ってそれ自体で存在すると思い込んでいる事態である（実際はそんなことを明確に意識しない。要するに、「私」という言葉を何の疑いも不安もなく使うこととの出来る事態である）。

「脱落」とは、この錯覚から脱却することである。では、どう脱落するのか。そこでまず検討したいのは、「身心」（＝錯覚されている「自己」）の脱落としての坐禅である。

「非思量」の坐禅

天童如浄が「参禅は身心脱落なり」と言ったと道元は書き留め、後に主著『正法眼蔵』で「参禅は坐禅なり」と言う。ということは、道元は「坐禅は身心脱落なり」と考えていた、と推定することはできる。

このとき、「身心脱落」は、ともすれば「見性」と同じだと誤解されがちだが、それは違う。中国禅における「見性」はある特定の経験に超越的な意味を付与して実体視することである。鈴木大拙が「悟り（＝見性）」を天変地異の如く大げさに語るのは、そうした意味付けのゆえである。

ところが、道元は「身心脱落」がどういう状態、あるいは境地であるか、具体的には何も語っていない。ましてや、変性意識に類する、心身の異常状態であるかのような語りは一切していない。また、それが坐禅を行った時のみに起こる出来事であるとも確言していない。後世の伝記では、坐禅中の大事件のように語られているが、もしそうなら、極めて重要な経験である以上、道元が直接はっきり言及するはずである。

思うに、「身心脱落」は坐禅中に発生する特異な心身状態を意味していない。そうではなくて、道元の在宋中の修行体験の全体、さらにそれによって彼が会得した、ものの見方・考え方、自己と世界の存在について認識や見解を総括するアイデアだと、私は考える。

したがって、坐禅は「身心脱落」の一部、極めて重要な一部である。彼の思想と実践の土台・基盤なのだ。

道元の坐禅に関する言説において核心をなす考えは、「非思量」というものである。

彼は坐禅を説く『普勧坐禅儀《ふかんざぜんぎ》』でこう言う。

「心意識の運転を停め、念想観の測量《しきりょう》を止めて、作仏《さぶつ》を図ることなかれ」

「兀兀《ごつごつ》として坐定して、箇の不思量底《ふしりょうてい》を思量せよ。不思量底、如何が思量せん。非思量。これ乃ち坐禅の要術なり」

坐禅中は、意識のレベルを最小限に低減させ、意識の現実態である言語作用を極力停止して、「成仏」や「悟り」などの目的を設定するような作為をしてはならない。

ただし、それは単純な思考停止状態（「不思量底」）ではない。意識と言語作用の絞り込みによって、自意識が解体された状態に直面し、それを覚知するのだ（「箇の不思量底を思量せよ」）。この心身の事態が「非思量」なのである。

「非思量」の坐禅によってわかるのは、自意識を一定の身体技法で解体できるということである。ならば、それは「自己」の在り方は行為の仕方に規定されている、ということでもある。「自己」は、そう名付けられた、人間の実存が採用せざるを得ない、ある特別な行為の様式なのである。

行為としての実存

行為の仕方が「自己」の在り方を規定するという考えは、ゴータマ・ブッダの言葉とされる次の文章に正確に対応する。

「行為によって賤しい人ともなり、行為によってバラモンともなる」
「人間のうちで、牧牛によって生活する人があれば、かれは農夫であって、バラモンではない」（『スッタニパータ』）

ということは、ある行為の仕方によって、ブッダにもなるであろう。まさにここにこそ、道元が個々の具体的な行為としての修行の意味を強調する理由がある。すなわち、「非思量」において解体された、従来の自意識に基づく日常的「自己」を、行為様式を転換して成仏を目指す主体として改造しようというのである。

したがって、道元のブッダ観は、「仏」それ自体に「仏であること」の根拠があるわけではない、ということになるだろう。

だから、彼は言う。

即心是仏とは、発心・修行・菩提・涅槃の諸仏なり。いまだ発心・修行・菩提・涅槃せざるは即心是仏にあらず。（『正法眼蔵』「即心是仏」巻）

「即心是仏」は、字義通りとれば、今の自分の心がそのまま「仏」なのだ、という「天台本覚思想」的概念である。

ところが、道元はこれを真っ向から否定して、発心し、修行し、無上の悟りを得、ニルヴァーナに入るという、一連の具体的行為において現成《げんじょう》する実存だと言うのである。

しかし、「悟り」そのものは、錯覚でなければ修行者には理解不可能であり（ブッダの悟りはわからないから）、「涅槃」は原理的に経験不可能である。とすると、「即心是仏」の核心は発心と修行であろう。

仏祖の大道、かならず無上の行持あり。道環して断絶せず。発心・修行・菩提・涅槃、しばらくの間隙《けんぎゃく》あらず、行持道環なり。（中略）このゆゑに、諸仏諸祖の行持によりてわれらが行持《ぎょう じ》見成《げんじょう》し、われらが大道通達するなり。われらが行持によりて諸仏の行持見成し、諸仏の大道通達するなり。（『正法眼蔵』「行持」巻）

ここで道元は修行（「行持」）を「道環」であるという。つまり、発心・修行・菩提・涅槃は際限なく反復されるのだ。このうち、事実上修行者に反復可能なのは、発心と修行である。この反復が過去の諸仏と現在の修行者を貫き、共に「仏祖の大道」にある実存とするのだ。

縁起する実存

行為が規定するのは行為する主体だけでない。同時に行為の対象の在り方を規定する。念のため本論考の立場を繰り返すが、主体と対象それ自体がまず存在していて、しかる後に行為が発動するのではない。発動している行為が、主体と対象を構成するのだ。このように解釈されるとき、行為は「縁起」を意味する。

道元が「縁起」、すなわち関係が存在を生成するというアイデアにおいて、「関係」の現実態を行為に見ていたことは、以下の言葉で理解されるであろう。

> 生といふは、たとへば、人のふねにのれるときのごとし。このふねは、われ帆をつかひ、われかぢをとれり。われさををさすといへども、ふねわれをのせて、ふねのほかにわれなし。われふねにのりて、このふねをもふねならしむ。この正当恁麼時《しょうとういんもじ》を功夫参学すべし。この正当恁麼時は、舟の世界にあらざることなし。天も水も岸もみな舟の時節となれり、さらに舟にあらざる時節とおなじからず。このゆゑに、生はわが生ぜしむるなり、われをば生のわれならしむるなり。舟にのれるには、身心依正《しんじんえしょう》、ともに舟の機関なり。尽大地・尽虚空、ともに舟の機関なり。生なるわれ、われなる生、それかくのごとし。（『正法眼蔵』「全機」巻）

この文章の主旨は、次のように解釈できる。

人が舟を漕いで行くという場合、それ自体で存在する「私」が、それ自体で存在する「舟」を、「漕ぐ」のではない。まず「漕ぐ」行為があるのだ。「漕ぐ」とき、「舟を漕いでいる私」以外に私の実存はない（「ふねのほかにわれなし」）。その意味で、「漕いでいる舟」が「私」を成立させているといえよう。

他方、「舟」は漕がれている限りにおいて、「舟」である。誰も漕がない舟は、「舟」ではない（「ふねをもふねならしむ」）。舟がまさに舟になっているとき、それは「漕ぐ」行為において、空も水も、その行為において現成する。「漕ぐ」行為はその「水」を「川」か「海」か「湖」にするだろう。「空」は帆に風をはらませる存在として現成する。

「生きる」という行為も同じである。「生きる」という行為が起動するとき、それは確かに「私が生きる」という事態でしか現実化しない。しかし、それは同時に、すでに「生きる私」が実存していることを意味する。

「舟である」という事態も、「生きる」という事実も、行為としての関係のシステム（「機関」）として、一挙に現実化する。個々にそれ自体で存在するように認識されているものは、所詮はこのシステムの関係項として構成されるのである。

するとここまでの言い分からして、「仏」とは、「仏のように行為する」実存の呼称である、ということになる。このとき、「悟り」も「涅槃」も現実的には何であるか認識不能だから、「成仏」は「自己」にはできない。「自己」に可能なのは、「仏になろうと修行し続ける」主体として実存することである。すなわち、「仏」は「仏となろうとする」主体の実存様式である以外に、現実化しないのだ。

したがって、修行者が「成仏」したり「悟る」ことはない。なぜなら、ある時点で「成仏した」「悟った」と「わかった」瞬間、それが認識である以上は概念化するわけで、結局は超越理念として扱われるからである。それは「観無常」の立場が決して許容しない事態である。

そうなると、成り行きは「成仏」「悟り」が無限遠に後退し、現実的に無効になり、修行や坐禅は事実上、ただ坐禅する、ただ修行する、ということになる。「成仏」と「悟り」は坐禅・修行という行為そのものへと脱落されるのだ。

修行する実存の編成

道元が因果の教えを重要視するのは、修行する実存を編成する方法的概念として必要だからである。

善悪因果をして修行せしむ。いはゆる因果を動ずるにあらず、造作するにあらず。因果あるときはわれらをして修行せしむるなり。（『正法眼蔵』「諸悪莫作《しょあくまくさ》」巻）

引用文では、因果を、「因果応報」的な、あるいは「親の因果が子に報い」式の、それ自体で実体的に存在する法則のようには考えていない。また、諸現象を無条件に規制する超越的な原理であるとも、考えていない。

仏教において、因果は「修行する」ことにおいて作動させてのみ意味がある（「善悪因果をして修行せしむ」）。だからと言って、我々が因果を勝手に操作するわけではない（「動ずるにあらず」）。無い因果をでっち上げるわけでもない（「造作するにあらず」）。因果が我々に修行を可能にさせるのだ（「われらをして修行せしむるなり」）。

それはそうだろう。発心・修行の反復は、経験を因果律で整理できなくては不可能だし、それなしでは、成仏を誓願することも、教えへの背反を懺悔することもできない。

道元にあっては、因果は実体原理ではなく、修行する主体を構成するのに必要な方法論的概念であるから、因果は理解すべきアイデアではなく、信じるべきアイデアである。道具は実際に使ってみない限り、その有用性はわからない。道具の選択と使用の最中は、使えるはずだと信じることしかできない。

つまり、仏教が信じるのは「神」ではなく「因果」であり、それは超越的原理ゆえに信じるのでなく（原理なら理解の対象にしかならない）、方法的概念として信じるのだ。このことを道元は「深信因果《じんしんいんが》」と言うのである。

我らが時代の「仏教」

親鸞は「成無常（無常になる）」によって、仏教を突破した。道元は「観無常（無常を認識する）」によって釈尊に帰還した。いずれにしろ、実存を根拠づけるものとしての超越的理念を排除しながら、実存を受容する方法を提案したのである。この思想的挑戦は、世界思想史上、稀有の実績だと私は思う。

しかし、この実績は、後の「日本」には引き継がれなかった。極度の思想的・実践的緊張を伴う彼らのアイデアは、多くの人間には耐えられないからである。

「日本」は、鎌倉時代から室町時代にかけて、経済構造の変動に合わせ、地縁血縁共同体を再編成することに成功する。その結果、イデオロギーも「ありのまま主義」が復活する。親鸞の極めて先鋭な「信」への問いは、後の浄土真宗の大立者、蓮如《れんにょ》（一四一五～一四九九）には見られない。

蓮如は「信心」を阿弥陀如来に「たのむこころ」だと言う。すると当然「たのまれる」阿弥陀如来の存在を前提にせざるを得ず、その実体化を招くだろう。

同時に、いったん「たの」んだ上は、自己の「信心」は阿弥陀如来に吸収されて解消し、以後の実存は丸ごと本願の力で肯定されることになろう。だから、念仏は「阿弥陀如来の御たすけ」に対して「御恩を報じたてまつる」意味でのみなされることになる。

すると「信心」そのものを問う余地は失われる。そのような追及は即、自力になるばかりではなく、不信心を意味するであろう。

だとすれば、それは事実上、念仏さえすれば往生は確定し、その確定において現実はありのままに肯定される、と考える方向への転換になろう。だから、
ほかには王法《おうぼう》をもておもてとし、内心には他力の信心をふかくたくはへて、世間の仁義をもて本《ほん》とすべし。（『御文章《ごぶんしょう》』）

という言葉も出て来るわけである。

他方、道元を継いで永平寺二代目住持となった懐奘《えじょう》（一一九八〜一二八〇）は、生涯を本師道元に捧げ、『正法眼蔵』を編纂して今に伝えた。

しかし、彼の著書『光明蔵三昧《こうみょうぞうざんまい》』を見ると、道元の思想と異なり「本覚思想」に回帰する傾向が顕著である。

この書は、『正法眼蔵』「光明」の巻をはじめ諸経典・語録などに「光明」の語を求め、それを解釈することで、自らの見解を開陳している。そこで「光明蔵」なる概念を説明して言う。


それ光明蔵とは、諸仏の本源、衆生の本有、万法の全体にて、円覚の神通大光明蔵なり、三身、四智、普門塵数の諸三昧も、みな此の中より顕現す。


この言い方はどう見ても、本覚思想的である。「諸仏の本源、衆生の本有」という超越理念が坐禅で丸出しになって光り輝けば、現実はそのまま仏の世界になる。最終的にそう説くことが狙いであり、それが論理的帰結であろう。

この傾向は、以後の道元門下の系譜において、強まることはあっても弱まることはなかった。それはすなわち、空海と「天台本覚思想」に由来する「ありのまま」主義が、再び「日本」思想を底辺から拘束していったことを意味する。

そしていま、鎌倉時代の変動に匹敵する「日本」の転換期を迎え、あの頃の祖師たちと同じ思想的挑戦が、我々のリアルな課題として、要請されているのである。

＊

平成の三十年間は、戦後日本の「経済成長ガンバレ」主義の社会構造が完全に機能不全となり、個々の実存が「自己」を編成する方法（「豊かになるために『和』の心で一致団結」的心性を作る手法）が無効化して、次の構造も手法もまともに作成できないまま、実存が裸形に剝き出され、状況に曝され続けた時代だろう。つまり、「今まで通り」「ありのまま」で大丈夫、ではなくなったのだ。

一九九〇年代の「オウム真理教」事件、今世紀のイスラム過激派のテロなど、宗教が喫緊の「問題」として国内外の社会の前面にせり出す状況は、まさに「自己」の危機と表裏の現象である。

しかし、序章でも述べた通り、私はこれを単に戦後の問題だとは考えない。私は、今の「転換期」あるいは「過渡期」を、鎌倉時代の変動期以来の根本的な変化だと考えている。

私の所属する曹洞宗を含む、いわゆる日本の伝統仏教教団の教学的・経済的基礎構造である「檀家制度」は、鎌倉時代以後に成立した「惣村《そうそん》」が土台である。その「檀家制度」が、数学的確実さで容赦なく進行する少子高齢化によって、崩壊過程にあるということは、最深部においては、現代の精神状況は、鎌倉時代の再現と言えるだろうと、私は考える。

この認識があながち見当外れではないとすると、バブル経済崩壊以後の人々が、「自己」を制作する作法として、伝統教団の教義と実践に期待しないのは無理もない。それは「剝き出しの実存」には既に通用しなくなったのである。

今や、とりわけ伝統教団の僧侶は、宗祖の教えに「自己」として妥協なく正対し、自らの立場を確定すべきであろう。おそらく、それ無くして我々は、「剝き出しの実存」である個人に宗教者として向き合うことは困難である。

おそらく、今後求められているのは、「寺と家」の関係に基づく仏教ではなく、「僧侶と個人(信者)」として互いに関わる仏教である。

ならば、この時代を共にする我々は、僧侶であれ在家であれ、自分が所詮は何者で、ついに何をなすべきなのか——それを根底から問う覚悟を決めるべきだろう。

参考文献：『親鸞全集』『道元禅師全集』(以上、春秋社)、『歎異抄』『ブッダのことば——スッタニパータ』『蓮如文集』(以上、岩波文庫)、『禅門法語集』(光融館)

エピローグ――私の無常

ある日、八十五歳を過ぎたTさんの家に月参り（月一度の先祖供養）に行ったら、彼はすっかり日にちを忘れていた。

茫然として玄関で立ちすくみ、

「えっ、方丈さん、今日かい!?」

「そのはずだけどね、配った予定表ある？」

「ああっ、そうだ、今日だ！」

予定表を両手でつかんだまま、両目にうっすら涙が滲んだ。

「ご先祖様に申し訳ねえ……忘れちまうなんて」

その日以来、彼の家の仏間の扉には、広告の裏にマジックで月参りの日が大書されて貼ってある。

五歳と三歳の姉妹、ひろちゃんとはるちゃんの家にお参りしたら、帰りがけに手紙をもらった。

「わあ、ありがとう！　ラブレターかな？」

間髪を容れず、はるちゃんが、

「ちがーう!!」

「読めばわかーる」

と、ひろちゃん。手紙には「ほうじょうさん、いつもおきょうをよんでくれてありがとう」と書いてあった。

数年前に夫に先立たれたMさんは、その後私に会うたび、

「方丈さん、どうぞ体に気をつけて下さい。あんまり忙しくてお気の毒な」

「移動が多いから、忙しそうに見えるだけで、大した仕事はしてないよ」

「とにかくご飯食べて、休んで」

「大丈夫、ぼくの方が必ず長生きして葬式はちゃんとやるからさ」

「どうぞ、お頼みします」

私を「方丈さん」と呼ぶのは、こういう人たちである。「方丈」とは一丈四方の小部屋の意味で、住職の居室を指し、禅宗では住職の別称として使われる。私は「先生」とか「老師」とか呼ばれることもあるが、他の何よりも「方丈さん」と呼ばれるのが好きだ。

このように呼ぶ人たちにとっては、私が書く本も、私がホールや会館でする講演も、ほとんど関係がないだろう。

「方丈さんは本を書いたり講演したり、いろいろ有名なんだってね」

「本当に有名なら、有名なのかなんて訊かれないよ」

「あははは、そうか」

その程度のことである。要するに、私が今まで抱え続け、これからも抱え続けるであろう問題や、本書に書かれているような理屈は、彼らには無関係なのだ。

しかし、私が法事で彼らに話をしたり、会いたいと連絡してくる人と対話したりするとき、その言葉の最深部には、やはり「理屈」がある。それは僧侶としての態度に浸透したと言ってよい「理屈」なのである。


「和尚さんは霊が見えるんでしょ？」

「見えない」

「えっ、見えないの！　何で？」

「見えた方がいい？」

「うーん、やっぱり」

「どうして見えた方がいいの？」

「どうしてって……」

「もし今、ぼくが見えると言ったら、信じる？」

「えーっと……ちょっと……」

「じゃ、ぼくが見えると言うのを嘘だと、君はどうやって証明するの？」

「できない」

「そうでしょ。ぼくね、見える見えないの話には興味がないの。結局は『信念』の話にしかならないからさ」

「ちょっと、つまんないな」

「かもしれないけど、ぼくにとって興味があるのは、人はなぜこの話が好きなのか、古今東西、人間はなぜ霊魂と死後の世界を欲望し続けるのか、ということだけでね」

女子高校生とこういう会話をする私は、九十歳を過ぎて死期を想い始めた人に、

「方丈さん、死んだら良いとこに行けるかね」

「行けるさ、当たり前だろ」

私はこの答えで、ある人から嘘つきだと叱られたことがある。本に書いてあることと違うと言うのである。

しかし、私は「信念」で「理屈」を支えているわけではない。そうではなくて、僧侶になって以来、「どうしてもわからないこと」(「死後」はまさにそれだろう)があるときに、不動の「信念」ではなく、時と場合の「必要」で、私は答えてきたのだ。

それを換言すれば、「理屈」で「信念」を消去してきたということである。この来歴の最初に、「無常」という言葉を発見した十五歳の春がある。

「信念」の支えを失えば、「理屈」は時と場合で使うだけだ。だとすれば、「理屈」の通用する条件を際限なく考え続けることで、この不安定な「理屈」を聞く人に容赦してもらうしかない。正直、私はそこで開き直っている。

だから、私はおそらく僧侶らしくない。実際に多くの人からそう言われてきた。君には信仰が無いんだねと真っ向から言われたことさえある。僧侶というより、哲学者だとも。

私はそう言われて腹が立たなかった。むしろ、さもありなんと思った。でも、私を躊躇なく「方丈さん」と呼ぶ人がいる。また私もそう呼ばれるのが、最もほっとする。

なぜ私は「らしくない」まま「方丈さん」でいられるのか。

「方丈さん」だろうと僧侶だろうと、あるいはそうでなかろうと、私は無常だからである。

その在り様を、底の底まで、際限なく認識し続けたいからである。その意志に駆られ続けているからである。そこからどのような言葉が出てこようと、私は「責任」から逃げないが、何の「真理」も保証しない。

秋の午後、本堂の掃除を終えて、戸を開け放ったままぼんやり落ち葉の目立つ境内を眺めていたら、清楚ないでたちの妙齢の女性が二人、門から入ってきた。

「私たちは、聖書をご紹介して回っている者ですが」

「へえ、お寺とわかっていても『ご紹介』するんですか？」

「教えに違いはあっても、真理に仕える身としては同じでしょうから」

穏やかに微笑みながら、彼女らは控えめに、マニュアルにあるような口上を言い、そのまま私の返事を待たずに自分たちのするべき話を語りだした。

私は、それを黙って聞いた。いや、聞き流した。そして、羨んだ。こういうことを彼女らにさせている「信念」も「真理」も、私にはない。

「どうもありがとう。もう結構です。あなた方はあなた方で頑張って下さい。私は私でやっていきます」

唐突に話を打ち切られて、彼女らは私に時間を割かせた詫びと、話を聞いたことへの感謝を繰り返し、何度も頭を下げながら帰っていった。私が一抹の寂しさを感じるのはこういう時である。

私は、おそらく安心したり、楽になりたくないのだ。というよりも、楽になることを常に嘘くさく思っている。彼女たちに何の悩みも心配もないと言いたいのではない。赤の他人にいきなりああいう話を澱みなくできる「自信」の出所が、自分には無いと言っているのだ。

「あなたは迷うことと悩むことを楽しんでいる」

まだ「青春」の残光が足元に射していた頃、そう言われたことがある。

「そうか、楽しんでいるように見えるのか。なんだか割が合わないなあ」

口に出しては言わなかったが、その時はそう思った。私の「リアル」が迷うことと悩むことの中にあると、それが他人には楽しんでいるように見えるわけか。

同じ頃、母親にも言われた。

「なんでお前はそんな面倒なことを考えるの？」

「だって、考えちゃうんだもの」

それから数年後、私は出家したのである。

そうだ。同じだ。今なお私は「考えちゃう」のだ。苦しかろうが、楽しかろうが。そして、これからも。ずっと。

おわりに

本書は、私がかつて都内で行っていた連続講義のダイジェスト、そのまたダイジェストである。なにせ、月一回、十年以上続いていたものを一冊にしたのだから、そう言わざるを得ない。したがって、議論の運びに目立つ肌理《きめ》の粗さや飛躍は、著者本人も自覚している。さりながら、こういう強引に展開されたストーリーにも、人の思考を刺激する何ほどのものかがあるかもしれない。上木にあたり、そう期待するのみである。

何人かから質問があったので、言い添える。

韓国仏教と日蓮を取り上げなかったことについて。

前者に触れなかったのは、理由が二つある。

一つは、私の漢文能力の不足である。韓国仏教について、私は特に七世紀・新羅《しらぎ》の大学僧、元暁《げんぎょう》に注目していたのだが、彼の主著を収めている大蔵経の仏典漢文は、私には十分読みこなせない。かつ、信頼に足る日本語全訳もない。邦人学者による優れた研究書に引用文が訳されているが、本書で論じるには、どうしても主著ぐらいは読まねばなるまい。よって、割愛せざるを得なかった。

もう一つの理由は、元暁の思想的影響が、日本仏教に定かに見られなかったからである。とりわけ本書で扱った日本仏教の祖師には、それらしい痕跡が一切ない。よって、ブッダから道元を主軸としてストーリーを組んだ立場としては、彼の割愛は許されると判断した次第である。

日蓮を取り上げなかったのは、彼を軽んじているからではない。

私は彼を、日本思想史上、最初にして最大の「宗教原理主義」運動の創始者である、と見ている。その独自性と後世に対する影響の大きさは実に顕著で、私があらためて言うまでもないだろう。

しかし、本書で私がテーマにしていたのは、あくまでも各々の思想的言説の基盤となる構造とパラダイムである。この観点からすると、日蓮の思想的パラダイムは法然とほぼ相同で、彼の実践と比較すると、必ずしもオリジナリティが高いとは思えない。よって、特に章を割かなかったわけである。

本書は、例によって新潮社の金寿煥氏の導きによって成ったものである。とても出来そうもない仕事を終えさせてくれた氏の、変わらぬ手腕に感謝を捧げたい。

平成三十年　正月吉日　自坊霊泉寺にて
南　直哉

本書は、序章と第一部、第二部を「考える人」二〇一四年秋～二〇一六年春号、第三部を「Ｗｅｂでも考える人」にて「超越と実存　私流仏教史」として連載したものに加筆・修正し、「プロローグ――私の問題」「エピローグ――私の無常」を書下ろしたものである。

南直哉（みなみ・じきさい）
禅僧。青森県恐山菩提寺院代（住職代理）、福井県霊泉寺住職。一九五八年長野県生まれ。八四年、出家得度。曹洞宗・永平寺で約二十年修行生活をおくり、二〇〇五年より恐山へ。著書に『語る禅僧』（ちくま文庫）、『日常生活のなかの禅』『「正法眼蔵」を読む』（以上、講談社選書メチエ）、『老師と少年』『なぜこんなに生きにくいのか』（以上、新潮文庫）、『恐山　死者のいる場所』（新潮新書）、『善の根拠』（講談社現代新書）、『禅僧が教える心がラクになる生き方』（アスコム）など。

超越《ちょうえつ》と実存《じつぞん》
「無常《むじょう》」をめぐる仏教史《ぶっきょうし》

発　行　二〇一八年　一　月二十五日
八　刷　二〇二四年十一月三十日

著　者　南直哉《みなみじきさい》
発行者　佐藤隆信
発行所　株式会社新潮社
東京都新宿区矢来町七一
郵便番号　一六二-八七一一
電話　編集部〇三-三二六六-五四一一
読者係〇三-三二六六-五一一一
http://www.shinchosha.co.jp
印刷所　大日本印刷株式会社
製本所　加藤製本株式会社

乱丁・落丁本は、ご面倒ですが小社読者係宛お送り下さい。
送料小社負担にてお取替えいたします。
価格はカバーに表示してあります。

ISBN978-4-10-302132-2　C0015